POSI-KATSU RULE

お金も幸せも引き寄せる

「ポジ活」ルール50

Homitsu Yu 穂満悠

はじめに…………

本書をお手に取っていただきありがとうございます。

突然ですが、あなたはポジティブなほうですか？
それとも、ネガティブなほうですか？

「ポジ活」なんてタイトルの本を手に取るくらいですから、どちらかと言うとネガティブなほうではないでしょうか。

毎日をポジティブに生きるか。
それともネガティブに生きるか。
選ぶのはあなたの自由です。

でも、一度しかない人生、同じ生きていくなら、ポジティブなほうがいい。
そのほうが、楽しいです。
そのほうが、人間関係がうまくいきます。
そのほうが、お金もたくさん入ります。
そのほうが、夢が叶います。
そして、何より、そのほうが幸せです。

この本では、ネガティブな人をポジティブな人に変えるための習慣や考え方を、50のポジティブ活動、略して「ポジ活」としてまとめました。本書を読み終えるころには、あなたは生まれ変わったようにポジティブな人になっているはずです。
いや、今この文章を読んでいる瞬間から、あなたはポジティブな自分へと一歩を踏み出しています。

申し遅れましたが、私は穂《ほ》満《みつ》悠《ゆう》と申します。

愛知県で鍼《しん》灸《きゅう》院・整骨院3店舗を経営しています。

といっても全国的にはまったく無名の存在です。「穂満」という名前も、最初から正しく読める人は残念ながら少ないです。「お前はいったい誰なんだ？」と思っている人も多いでしょう。


そんな私が、本を書いてまで、みなさんに伝えたかったこと。

それは、

「ポジティブでいれば、どんなこともうまくいく」

ということです。


ここで、その考えの元になった話をさせてください。

＊

２０１８年４月、桜の花が散りはじめているときのことです。

私のお店は、その２年前に開業した１店舗目が大成功。初月から売り上げが５００万円を超え（鍼灸院・整骨院としてはすごい額です）、その後も経営は順調。調子に乗って、２店舗目をオープンすることになったのですが、これが悲劇の元でした。

当時の私は、目先の売り上げやオペレーションのことばかりに頭がいって、正直スタッフの働き方には目配りができていませんでした。

１店舗目の場合、スタッフは朝出勤し、仕事が終わるのが夜遅いこともしばしば。長時間労働が４か月も続いていたのです。

そんな状況にもかかわらず、２店舗目の店長に社員スタッフのＳくんを指名。弱冠22歳のＳくんはとても優秀なスタッフでしたが、長時間労働が４か月も続いているのですから、言葉には出さないけど疲労困憊《こんぱい》の状態だったでしょう。

でも私は、この試練を乗り越えた先にこそ、Sくんをはじめ、スタッフの成長があるなどと能天気なことを考えていたのです。

しかし、オープン日の10日前のこと。

Sくんに用事があったので、携帯に連絡してみましたがつながりません。

「おかしいな……」と思い、店舗に行ってみると、Sくんはいません。それどころか、他のスタッフも見当たらない。

まもなくわかったことですが、Sくんは全スタッフとともに、何も告げずに会社を去っていたのでした……。

悪いことは続くものです。これを聞いた1店舗目のスタッフたちが動揺。辞める者も出てきました。スタッフがいなくなると、当然、1店舗目も回していけません。

「どうしよう……」。天国から地獄、とは、まさにこのことだ。せっかく売り上げが好調で、お客さんが付いてくれたというのに。このままだと倒産してしまう……」

私はふだんはポジティブなほうですが、さすがにこのときは落ち込みました。表情も暗かったと思います。

そのとき、会社に残ってくれた男性スタッフ2人が、私にこんなことを言ったのです。

「ラッキー！　ぼくたち出世できますね!!」

彼らは、先輩たちがいなくなったことで、自分がそのポジションに就《つ》けると考えたのです。会社がつぶれれば、彼らだって職探しをしなければならない。そんな不安な状況の中で、なんとポジティブな発言でしょうか！

この言葉で、私の気持ちは一変しました。心機一転、彼らとともに一から出直そうと思ったのです。まさに、ネガティブ思考からポジティブ思考への大転換です。

するとどうでしょう。「ダメかもしれない……」「もう取り返しがつかない……」といった思考も霧が晴れたように消え去り、「きっと良くなるはずだ！」「これからリカバリーするぞ！」と前向きすぎる気持ちがムクムクと湧いてきたのです。

あれから3年経ち、スタッフのおかげで鍼灸院・整骨院は3店舗まで増やすことができました。また、「心と体のトータルヘルス」を実現するためにフィットネスジムも開業しました。さらに、２０２３年2月には、エステ事業もスタート。事業をどんどん拡大させています。

「ラッキー！　ぼくたち出世できますね!!」と言ってくれた2人には、感謝してもしきれません。

そして、私自身も大いに反省して、スタッフに細かく心配りをするようになりました。一緒に働く仲間のことをおろそかにしたら、どんなにうまく事が運んでいても、一瞬でうまくいかなくなる。2店舗目のオープンのゴタゴタでそのことを思い知りました。

絶体絶命の状況も、言葉ひとつ、心のあり方ひとつで突破できる。

ネガティブな自分がポジティブな自分に変わるだけで、どんな不可能も可能になる。

それが本書を書こうと思った強い動機です。

ポジティブであることのメリットを伝えたい気持ちは、どんな人にも負けません。

＊

本書では、各項目の冒頭に質問が出てきます。たとえば「あなたは他人の言動を気にしますか？」といった質問です。

まずは、ここで、自分の考えや状況がネガティブ（ネガ活）か、それともポジティブ（ポジ活）かをチェックしてください。

その結果、ネガティブとわかったら、意識して「ポジ活」のほうの自分になるよう、本文を読んで習慣を変えてみましょう。
本書を通してそれを50回続けていけば、きっとあなたはポジティブな人に生まれ変わります。そして、自然に「ポジ活」ができるようになるはずです。

私が保証します！

どうぞ「ポジ活」を続けて、実りの多い人生をお送りください。

では、いよいよ『お金も幸せも引き寄せる　ポジ活ルール』のスタートです！

目次

「ポジ活」1st STAGE

「ポジ活」3rdSTAGE

カバーデザイン◉松沢順一郎
本文デザイン◉石川直美
カバーイラスト◉坂本しほり
出版プロデュース◉株式会社天才工場　吉田浩
編集協力◉山中勇樹
◉株式会社マーベリック（大川朋子、奥山典幸）
◉嶋屋佐知子

「ポジ活」1st STAGE

～昨日よりも成長しよう

01

あなたは「ポジティブ」をどう定義しますか？

ネガ活

「明るく前向きなこと」と定義する

ポジ活

「肉体的・精神的・社会的に満たされた状態」と定義する

ポジティブと聞いて、あなたはどんなことを思い浮かべますか？

もともとは英語で（positive）、「積極的」とか「前向き」とか訳されることが多いです。

実際、この訳通りに考える人がほとんどだと思います。

反対語はネガティブ（negative）で、こちらは「否定的」「後ろ向き」と訳されています。

確かに、「積極的」とか「前向き」もポジティブを表す要素の1つであると思うのですが、私はそれだけでは足りないと考えています。

私が考えるポジティブの定義とは、次の3つ。

1つ目は「肉体的」に満たされた状態、2つ目は「精神的」に満たされた状態。

そして3つ目は「社会的」に満たされた状態です。

この3つが満たされてこそ、本当の意味でポジティブであると言えるのです。

本当にポジティブな人は、自分の肉体について高い意識をもっています。筋トレをはじめとするトレーニングを行い、体の調子を整えることで、より高いパフォーマンスを発揮しようと考えているのです。私も筋トレを欠かすことはありません。

またポジティブな人は、精神的にも満たされています。物事を前向きにとらえているからこそ、余計なストレスから開放され、不安や心配事もありません。その上、メンタルも鍛えられています。

さらに、ポジティブな人は社会的にも成功しています。たとえば経営者であれば、物事をポジティブにとらえることで事業を前進させ、優秀な仲間や優良な取り引き先、あるいは顧客にも恵まれています。

このように、ポジティブな人ほど、肉体的・精神的・社会的に満たされることとなるのです。

ポジティブな人とは、単に明るく前向きな人のことを指すのではありません。**肉体的・精神的・社会的に充実している人こそが、真の意味でポジティブな人**です。

ただ、この３つの中で、一番土台となるのは、やはり**「精神的」な充実**です。精神的に満たされていないと、いくら肉体が健康で社会的に成功していてもポジティブとは言えません。成功している経営者の中にもアルコールに頼って心や体がボロボロの状態の人はたくさんいますし、肉体が健康でも心が荒《すさ》んでいたら、そもそも生きていて楽しくありません。

そこで本書では、３つの中でとくに「精神＝心」の面のポジティブにフォーカスして話を進めていきます。**心がポジティブになれば、肉体的にも社会的にも自然に満たされた状態になっていきます**。

本書では、読むだけで心がどんどんポジティブになれる「ポジ活」の話を、これからたくさんしていきます。最後まで付いてきてもらえるとうれしいです。

02

あなたは他人の言動を気にしますか？

○

ポジ活

気にせず、自分の価値観に
従って生きる

×

ネガ活

めちゃめちゃ気にする

私は様々な人に会う中で、「**この人は〝自分の人生〟を生きていないんじゃないか**」と思うことがあります。〝自分の人生〟を生きていない人とは、他人の言動に一喜一憂したり、周りの目を気にしすぎたりする人のことを指します。これでは、心が満たされることはありません。

たとえば、会議で自分はA案のほうがいいと思っているのに、上司や同僚たちがB案を推しているので仕方なくB案に同調してしまう人。あるいは、SNSやニュースのコメント欄で自分に関係のない出来事を批判したり、ネガティブな反応をしたりしている人。

心当たりのある人は、ちょっと考えてみてください。それで、自分の人生を生きていると言えますか？ 少なくとも私は、「生きていないなあ」と感じます。

> 人生とはドラマであり、私たち一人ひとりがその人生の主人公です。それだけでなく、そのドラマの監督、脚本、主演、すべてを自分自身でこなすことができる。（中略）人生というドラマを中身の濃い、充実したものにするために

は、一日一日、一瞬一瞬を「ど」がつくほど真剣な態度で生きていくことが必要になってくるのです。

(『生き方』稲盛和夫著、サンマーク出版)

私の尊敬する稲盛和夫さんが著書の中で語っているように、**他人に振り回されず自分の人生を生きるには、一瞬一瞬を真剣に生きなければなりません。**その意味で、私は「**時間は命**」と考えています。

誰でもいつかは命尽きる日が必ず来ます。それはもしかしたら、10年後、3年後、いや、1週間後かもしれません。「○月×日にあなたは死にます」と余命宣告されたら……。そのとき、あなたは何をしますか?

実は、この問いの中にこそ、〝**人生の本質**〟があります。

この問いに対する私の回答は、「いつもと変わることなく朝はジムで筋トレをし、出勤してからは真剣に仕事をする」です。

朝、筋トレをするのは、「仕事が好きだから」。満足のいく仕事をするためには健康な体でい続けたい。ここに、私の〝人生の本質〟があります。

「〝人生の本質〟なんてわからない」「自分には〝人生の本質〟なんてない」という人は、今日が人生最後の日と考えて、自分の本当に好きなこと、自分が本当に大切にしたいことを、思い浮かべてみてください。紙に書き出してみるのもいいでしょう。このとき、他人の意見や価値観はいったん忘れることが大切です。

その結果、浮かんできたこと。それがあなたの〝人生の本質〟です。

〝人生の本質〟に従って、真剣に生きる。それが、自分の人生を生きることです。本質というとむずかしく聞こえるので、価値観と言い換えてもいいでしょう。

一度しかない人生。限りある人生。そんな大事な大事な時間であるにもかかわらず、他人の言動に振り回され、他人の価値観に従って生きるほど馬鹿らしい過ごし方はありません。それでは「他人の人生」を生きているのと同じです。

ぜひ、自分の価値観に従って、自分の人生を真剣に生き抜いてください。これが「ポジ活」の第一歩です。

03

あなたは頑張りを人に認めてもらいたいですか？

ネガ活

認めてもらいたい。
そのために頑張る

ポジ活

認められようが
認められまいが気にせず、
ただ夢中で頑張る

承認欲求の強い人がいます。自分を認めてもらいたい気持ちが強い人です。そういう人は、「自分はこんなに頑張っているのに、周りから評価されない……」などと、すぐに不平不満を口にします。

しかし、頑張っているかどうかは自分が決めることではありません。**周りが決めること**です。それなのに「こんなに頑張っているのに……」と思ってしまう人は、どこかに〝見返り〟を求めている気持ちがひそんでいるのです。

見返りを求める人は、〝自分をもっていない人〟です。自分をもっていない人は、主体的に物事に取り組めず、他人に言われたことをこなすだけです。基準が自分ではなく他人にあるから、見返りを求めてしまうのです。「頑張っていることを認めてもらいたい」。つまりは、誰かに褒めてもらいたいのです。

一方で、本当に頑張っている人は、そのことを人に認めてもらいたいとは思いません。それどころか、自分が頑張っていることにすら気づいていないのです。ただ夢中になって努力しているだけです。

ポリオワクチンを開発したアメリカの医学者ジョナス・ソークは、見返りについてこんな名言を遺しています。

「仕事を立派に成し遂げたことの見返りは、それ以上の仕事ができる機会を得られることである」

つまり、「仕事の見返りは仕事」ということ、こう言い切れる人こそ、〝自分の人生を生きている〟と言えるのではないでしょうか。

自分の人生を生きるには、まず「自分の今の状態」に気づくことです。そして、「今の状態」に気づくには、「自ら進んで課題に取り組んでいるか？」「今、自分は何のためにこの仕事に取り組んでいるのか？」と考えながら行動することです。

たとえば家族のためにご飯をつくる母親がいたとします（父親の場合もありますが、ここでは母親にします）。誰かに強制されてつくっているわけではありません。自分から家族のために行動しています。

もちろん「こんなに頑張っているのに、夫も子どもも当たり前だと思っている……」と愚痴をこぼしたくなることもあるでしょう。でも、だからといって、「今日からご飯をつくるのはやめた！　外で適当に好きなものを食べてきて」とは言いません。仕事から帰って疲れていても、家族のために美味しく栄養のあるものをつくろうとするのです。

そうすると、子どもが成長したとき、「お母さんってスゴいんだなぁ！」と、きっと思うようになります。そうしてはじめて、頑張りが認められるわけです。

親は、目先の利益にとらわれていません。自分がやるべきことをこなしているだけ。それこそ、本当の頑張りであり、自分の人生を生きていることになるのです。

私は、将来子どもに「親父ってスゴいなあ！」と思ってもらえたら〝勝ち〟だと考えています。今、目の前で認められたいとは思っていません。その日を目指して、強く自分の人生を生きています。ぜひあなたも、目先のことにとらわれず、強く自分の人生を生きてみてください。

04

あなたは、良くないことが起きたとき、どこに原因があると考えますか？

ポジ活

すべては自分に原因がある

ネガ活

周りの人や環境に原因がある

ネガティブな人が、ポジティブになりたいと思うなら、まずは**自分がもっているものを「捨てる」こと**が大切です。なぜなら、根本から変えないと人は変わらないからです。

会社の中でもキャリアの長い人ほど、今の自分がもっているものを捨てようとしません。転職組などに多いのですが、過去の成功体験にすがって、なかなか自分を変えようとしないのです。

一方で新入社員は、そもそも〝真っ白〟なので、仕事に必要なスキルを次々と吸収して、どんどん成長していきます。

その違いが、仕事の成果にも表れます。同じ仕事でも、新入社員はまっさらな気持ちで取り組んで結果を出しますが、キャリアの長い人は以前のやり方や成功体験からなかなか抜け出せず、結局成果を上げるのがむずかしくなりがちです。

昨今では、「自分に合った場所を探そう」といった風潮もあるのですが、仕事がうまくいかない原因が、他人や会社にあると考えているうちは、転職をしても結局同じ状況になることが多いでしょう。

うまくいかないときは、自分に原因があると考える。要は「**自責の念**」をもつことが何よりも大事です。

私は、中途採用の面接で「前の会社はどうして辞めたのですか？」と訊《たず》ねたときに、愚痴や悪口を言う人は採用しません。そういう人は、自責の念がない人だからです。「会社のせい」「上司のせい」などと考えているようでは、いつまで経っても自分に合った仕事など見つかりません。

孔子の『論語』の中に「君子は諸《これ》を己に求め、小人は諸を人に求む」という一節があります。

「君子（立派な人）は自分の身に起きたことはすべて自分に責任があると考えて反省をするが、小人（小人物）は他人に命令されて行動し、失敗すればすべてを他人の責任にして反省しない」という意味です。

自責の念があれば、仕事に対するとらえ方も変わります。好きなことを探してそれを仕事にしようとするのではなく、目の前の仕事を好きになる努力ができるのです。

そして、仕事を好きになることができれば、かつ結果を出すこともできるのです。

矢印は常に自分に向けましょう。自分探しをするのではなく、また他人のせいにするのでもなく、自責の念をもって目の前の仕事に全力で取り組むのです。

05

今日のあなたは、
昨日のあなたと同じですか？

ネガ活

昨日と同じ

ポジ活

昨日よりほんの少し成長している

1年は365日。その1日1日に、0・1でも、あるいは0・01でも足していくと、日々少しずつ前に進むことができます。

しかし、ちょっとずつサボっていると、昨日よりマイナス0・01、マイナス0・1……と、少しずつ後退してしまいます。

そのわずかな差も365日積み重なると、1年で大きな違いとなって表れるのです。

同じ1日でも、成長するのとしないのとでは大きく異なります。毎日1%（0・01）ずつでOK。「1%なんて、そんなわずかでいいの？」と思うかもしれませんが、計算すると、1・01の365乗になりますから、**1年後には37・8倍も成長している**ことになるのです。いかに日々の積み重ねが大切かおわかりになるでしょう。

稲盛和夫さんも、著書の中で次のように語っています。

人生とはその「今日一日」の積み重ね、「いま」の連続にほかなりません。いまこの一秒の集積が一日となり、その一日の積み重ねが一週間、一か月、一年となって、気がついたら、あれほど高く、手の届かないように見えていた山頂に立っていた——というのが、私たちの人生のありようなのです。

（前掲『生き方』）

ただ、**成長するためには自己分析が必要**です。自分に矢印を向けて、自分のことをしっかり見つめないと、何をどう改善すればいいのかがわからないからです。

たとえば自分の身体について。私にとって身体を鍛えることとは、仕事と同じくらい大切なことです。肉体が健康でないと、仕事で思うような成果を上げられないからです。肉体の充実がポジティブの要素のひとつであることは、先ほどお話ししましたね。

自分の今の身体の状態をしっかり分析し、「もっと引き締めなければ」と思ったならば、昨日と同じトレーニングをしていてはダメ。より負荷をかけなければなりません。昨日より１回でも多く、あるいは１キロでも多く、バーベルを持ち上げることを自分に課します。毎日少しずつ負荷を増やしていくと、筋肉は目に見えて大きくなります。

仕事も同じです。小さなことでも毎日ひとつずつ新しいことにチャレンジしていくと、１年後にはその仕事のスペシャリストに成長しているはずです。

昨年とまったく同じ３６５日を過ごしている人は、成長しません。昨日より１％でもいいので、日々成長を目指しましょう。

06

あなたは自分を他人と比べていませんか？

ネガ活

比べている

ポジ活

比べていない。
比べるのは「昨日の自分」

人生は、人と比べている時点で負けです。

「あの人に比べ、なんて自分はダメなんだろう……」「あの人よりも自分のほうがいい学校を出てるのに……」などと考えている人は、何もしないうちから敗北を認めているようなものです。

一方で、ポジティブな人、自分の人生をしっかり生きている人は、自分と他人を比べたりしません。比較する対象は他人ではなく、昨日の自分であり、去年の自分です。

他人と比べている人は、相手の良いところしか見ていません。けれど、そのような視点は表面的なものでしかないのです。

ダイエットをしている女性なら、誰でもファッション雑誌のモデルのような体型に憧れるでしょう。ただ、その裏にある激しいトレーニングや日々の厳しい自己管理にまで想像力を働かせる人はごくわずかです。

だからこそ、そのモデルがスタバでフラペチーノを飲んでいる様子をインスタにあげているのを見ると、「それであの体型を維持できるなんてズルい」などと、そこだけ切り取り、ねたんでしまうのです。

イギリスの作家で『第三の男』や『情事の終り』などの名作があるグレアム・グリーンの『権力と栄光』（齋藤数衛訳、早川書房）の中に、こんな一節があります。

「憎しみとは、想像力の欠如にすぎなかったのだ」

モデルに対して「ズルい」などと思うのも、「想像力の欠如」。想像力があれば、モデルのたゆまぬ努力に思いを馳《は》せ、「自分も努力して彼女のような体型を目指そう！」と思うはずです。

成長する人と成長しない人の違いは、想像力にあると言っても過言ではありません。

他人と比べるのではなく、昨日の自分、去年の自分と比べること。そして他人の成功については、その裏にある努力にまで想像力をめぐらせ、それを自分の成長の糧《かて》として取り込むようにしてください。

07

あなたは誰の「頭」で考えますか？

○

ポジ活

自分の頭で考える

×

ネガ活

他人の頭で考える

「考えるのは自分の頭に決まってるだろ！」

そういうツッコミが入りそうですが、29ページで述べたような**〝自分をもっていない人〟は、他人の頭で考えがち**です。つまり、他人の基準で考えてしまうのです。

他人の基準、たとえば周りや上司の頭で考えてしまう人は、職場ではただ与えられた仕事をこなすだけです。しかもイヤイヤ取り組んでしまいがち。それでは、成果が出ないのも当然でしょう。

一方で、自分の基準で考える人は、自分の頭で考えて仕事をします。たとえ与えられた仕事であっても、その仕事を好きになる工夫や努力をします。最初から「好き」とは言えなくても、自分なりに工夫をする過程で、だんだんその仕事を好きになっていくのです。

仕事を好きになれば、成果も上がります。仕事は恋愛と同じ。好きになれば、仕事のほうもあなたのことを好きになってくれるのです。そのとき、自分を基準にして成果が上がれば、自信もついてきます。その自信が、さらに成果を上げることにつながる。まさに好循環です。

お金も同じです。日本人はお金の話をすると「はしたない」などと思いがちですが、お金のことを「好き」と正直に言える人でなければ、お金のほうも「そんな奴のところに行ってやるもんか」と思うことでしょう。

また、**自分を基準に行動している人は、自分にはどんなことが向いているのかがわかっています**。自分の強みや弱みもよく理解しているでしょう。その先に、その人なりの得意分野があります。

人と話すのが得意な人は、人と話すことを仕事にする。聞くのが得意な人は、聞くことを仕事にする。

その得意分野で勝負をすれば、きちんと成果に結びついてきます。

あなたの仕事をするのは、他人ではなくあなた自身です。もちろん、仕事だけでなく、あなたの人生を生きるのはあなたしかいません。

自分の人生を生きるには、自分の基準で考えること。自分の基準で考えて行動をすれば、自然に結果もついていきます。

『嫌われる勇気』（岸見一郎・古賀史健著、ダイヤモンド社）で一躍有名になった心理学者のアドラーは、「自分の行動のすべては自分で決めることができる」（自己決定性）という考え方を提唱しています。これはまさに「基準が自分にある人」の考え方でしょう。

「自分は今まで親や上司、友人や同僚を基準にしていたかも……」という人は、今すぐに「自分基準」に変えてみてください。

「ポジ活」2nd STAGE

～すぐに行動しよう

08

あなたは今どんな状態ですか？

○

ポジ活

常に行動しているから、
現状が変わっている

×

ネガ活

現状のままで停滞している

ポジティブな考え方の人は、すぐに行動を起こします。逆に言うと、**すぐに行動を起こす人は考え方もポジティブになります**。

反対に、ネガティブな考え方の人はなかなか行動しようとしません。行動を起こして現状を変えようとしないから、これまでの状況がずっと続いていくだけ、つまり、すべてが〝停滞〟してしまうのです。

停滞している間に、周囲はどんどん変わっていきます。そうなると、**停滞はそのまま〝衰退〟**を意味します。

あなたは、自分の人生を衰退させたいですか？　少なくとも、この本を読んでいる人は、そう思っていないですよね。

人生を衰退させたくなかったら、行動を起こすしかないのです。考えるのは動きながらでいい。

『社長　島耕作』（弘兼憲史作、講談社）の中で、島耕作も「まず走り出せ！　問題は走りながら解決しろ！」と言っています。

私自身も常に行動しています。

根底にあるのは「**すべては自分次第**」という発想です。そう考えていると、ネガティブになったり落ち込んだりすることもなくなります。

ダメならすぐに動いてみる。それでダメならさらに動いてみる。その積み重ねによって、状況は必ず好転していきます。

「**動いているのに変わらない」という人もいますが、そういう人ほどたいして動けていません**。動いているつもりなだけ。周囲も動いているので、結局は置いていかれてしまいます。

周囲と同じ速度で動いていると景色が変わりません。景色が変わるくらいの速さで動かなければならない。みんなが時速10キロで走っているなら、11キロで走るのです。

動くことによって、状況が変わり、結果が変わります。結果が変わると自信がついてポジティブになれるので、また行動したいという欲求に駆られます。
その好循環を生み出せるよう、ためらいなく最初の一歩を踏み出しましょう。

09

やるかどうか迷っている……。そのとき、あなたならどうしますか？❶

ネガ活

ネガティブに考えて行動しない

ポジ活

ポジティブスイッチを連打して行動する

行動を起こしたくても、なかなか最初の一歩が踏み出せない……。

やる気はあるのだが、どうしても足がすくんでしまう……。

そういう人はたくさんいるでしょう。どんなことでもそうですが、**最初の踏み出しが一番むずかしい**のです。


２００２年にノーベル経済学賞を受賞した行動経済学者のダニエル・カーネマン氏が提唱した概念に「**現在バイアス**」があります。これは簡単に言うと、「人は将来の利益よりも現在の利益のほうを優先してしまう」ということです。

「現在バイアス」については、こんな実験があります。

子どもたちの目の前にマシュマロが子どもたちの数だけ置いてあります。実験者が「これから私はちょっと出かける。私が戻ってくるまでにマシュマロを食べるのを我慢すれば、２個マシュマロをあげよう」と約束します。

さて、実験者が戻ってくるまで、子どもたちはマシュマロを食べるのを我慢したでしょうか？　それとも食べてしまったでしょうか？

実験者が戻ってみると、ほとんどの子どもがマシュマロを食べていました。我慢していれば2個くれたのに、目の前にあるマシュマロの誘惑に負けてしまったのです。

目先の利益に飛びつく。面倒なことは後回しにする。なかなか行動を起こせない。――これは、その人だけの問題ではなく、人間に共通する心理です。だから、決して「自分はダメな人間」などとは思わないでください。

だからと言って、行動を起こさなくていいというわけではありません。人間というものはそういうものであることを理解したうえで、やはり行動を起こす必要があるのです。

現在バイアスの「将来の利益」は「将来の失敗」とも言い換えることができます。つまり、「やってみて失敗するくらいなら、現状のままでいたほうがいい」と考えてしまうということです。とくに物事をネガティブに考えがちの人は、その傾向が強いでしょう。

そういう人は、**身体のどこかに「ポジティブスイッチ」がある**と考えてみてください。押すと、ネガティブな考えがすべて消えて、思考がポジティブになる、そんなスイッチです（本書のカバーイラストが「ポジティブスイッチ」のイメージです）。

そして、やろうかどうか迷っているときは、そのスイッチを「エイッ」と押してみる。頭の中で押すのもいいですし、お腹にポジティブスイッチがあるとするなら、実際にお腹を押してみるのもいいでしょう。

すると、一瞬で思考がポジティブになります。失敗するなんて考えは浮かんできません。「必ず成功する」という気持ちになって、最初の一歩を踏み出すことができるのです。

本来、人は誰でもポジティブスイッチをもっています。小さい子どもを見ているとわかりますが、好奇心のおもむくまま、迷うことなく新しいことにチャレンジしていますよね。これは、ポジティブスイッチのなせる業です。

けれど、大人になるにつれ、世の中の常識や、親や学校の教育、他人の目などが邪魔をして、ポジティブスイッチの存在を忘れ、だんだんとネガティブな考えに染まっていくのです。

やろうかどうか迷っているとき、実は自分の中ですでに答えは出ています。あとは、自ら〝ポジティブスイッチ〟を押せるかどうかにかかっているのです。

ポジティブスイッチを押せば、後戻りができなくなります。つまり「やるしかない」。

私自身もポジティブスイッチを押し続けてきた結果、会社が年商ベースで１期目に４０００万円、２期目に６０００万円と順調に成長し、その後も従業員の退職による減少という最大のピンチを乗り越えながら、３期目には年商１億円を達成しました。

私が仕事と同じくらい大切に考えている身体づくりにおいても、２０２３年の

「ベストボディ・ジャパン名古屋大会」（モデルジャパン部門のミドルクラス〈30〜39歳〉）でグランプリを獲りました。ベストボディ・ジャパンは、47都道府県で開催されていて、T．M．Revolutionの西川貴教《たかのり》さんも受賞経験がある国内有数のボディコンテストです。

それまでは2位や3位に甘んじていたのですが、頭の中でポジティブスイッチを連打して、SNSで「グランプリを獲ります！」などと声高に宣言、その結果、晴れてグランプリを獲ることができました。

ぜひ、最初の一歩を踏み出すときは、自分の中のポジティブスイッチを連打することを忘れないでください。

10

やるかどうか迷っている……。
そのとき、あなたならどうしますか？❷

ネガ活

悩んだ結果、動けない

ポジ活

悩まず1分で行動する

行動を起こせない人は、悩んでいる時間がたくさんあります。最初から見込みがないことならまだしも、誰の目にもやったほうがいいと映ることでも、ああでもないこうでもないと理由をつけて悩んでしまう。悩んでいるというより、「**やらない理由**」を必死で探しているようにしか思えません。

やるかどうか迷っているときに、「やる」か「絶対にやる」かの二者択一で考えられるようになれば、1分で決断できます。

「やる」か「絶対にやる」か、だと、どっちを選んでも、「やる」しかないですね。言い訳の余地もありません。

たとえば、人に本を薦められたとき、「今読んでいる本を読み終わってから買おう」などと考えずに、すぐに近くの書店に行くか、ネット書店で購入する。本が手に入ったら、すぐに読む。そうした習慣付けが大事です。

その繰り返しによって、誰でも1分で行動できるようになります。

素早い行動は周りの人を気持ち良くさせます。本を薦めてくれた人は、話を聞くだけの相手よりも、その場で行動してくれる相手に好感をもつのです。
「そのうちに読みます」という人より、「今買いました！」「すぐに読みました！」という人のほうが評価されるのは当然でしょう。

即行動するためには、いちいち考えないことが大事。「やる」か「絶対にやる」かの二者択一で、まずは「やる」を実行しましょう。考えるのは、その後の話です。
もちろん行動を起こした結果、うまくいかないこともあります。頭を使うのはここから。なぜダメだったのかを一生懸命考えます。そして、次に行動を起こすとき、二度と失敗を繰り返さないよう、そこで得た教訓を活かすのです。まさに「行動と改善の反復」です。

1分で行動できる人は、つまらないことに悩んだりしません。そういう人は、いつもポジティブスイッチをオンにしています。

たとえうまくいかなくても、行動と改善を繰り返す。その習慣が、揺るぎない自信をつくり上げるのです。

11

あなたは「やらない理由」を探していませんか？

ネガ活

探している

ポジ活

「やる理由」を探す

一念発起して行動を起こしてはみたものの、途中で「今日はいいかな」「明日から頑張ろう」などと考え、挫折したり先延ばしにしたりする人がいます。

たとえば、10キロやせたいと願っている人がいるとしましょう。

最初は毎日のようにジムに通うのですが、そのうち仕事が忙しかったり、用事があったりで行かない日も出てきます。そういうことが続くと、やがて「今日はなんだか疲れているから行くのをやめよう」「調子が悪い気がするから家で休んでいよう」などと思いはじめます。

こうして「やらない理由」を探すようになると、何かにつけ言い訳をして、結局ジムに行かなくなってしまいます。それでは、ポジティブな自分にはなれません。

ポジティブになりたいなら、「やらない理由」を考えるのではなく、常に「やる理由」を探すようにしてください。

「やる理由なんてあるかな……」と言う人も、意識して探せば、必ず見つかります。

そこから、一歩を踏み出すようにしてください。

筋トレを続けている私の目標は「ボディコンテストでグランプリを獲る！」でした。それを達成するまで毎日筋トレに励んでいたのですが、ときには「筋肉痛で脚が痛い」「疲労が溜まって動けない」という日もありました。

でも、それらはみな自分にとって「やらない理由」だと思い、「やる理由」を考え続けた結果、グランプリを獲ることができたのです。

「やらない理由」は「やる理由」へと変えられます。脚が痛いなら腕を鍛えればいいですし、疲労が溜まっていてもウォーキングくらいはできます。そうやって、自分ができることを探せばいいのです。

誰しも、辛《つら》く苦しい状態からは逃げたいものです。目先のことを考えて、楽をしようとするのは当然です。

しかし、目標があるのであれば、意識的に「やる理由」へと立ち返るようにしましょう。それがはっきりすれば、しんどい状況も乗り越えることができます（目標については、「ポジ活」５ｔｈ　ＳＴＡＧＥでくわしく触れます）。

12

あなたは困難に直面したとき、どうしますか？

ポジ活

即断！　即決！　即行動!!

ネガ活

決断を先送りする

困難なこと、面倒なことを前にして、やらない理由を探していると、結局、何も進みません。いつも決断を先送りにしている人は、何もできないまま、一生を終えてしまうのです。

そういう人は、今すぐ自分を変えてください。

それには、即断！　即決！　即行動!!　迷ったら、すぐに動くのです。

すぐに動かないと、自分を変えることはできません。

変わらないのは、現状維持ではなく〝退化〟です。必死で進化しようとして、ようやく周囲や状況の変化に追いつくことができるのです。変化の激しい昨今であればなおさらでしょう。

才能教育研究会の創始者の鈴木鎮一さんは、こんなことをおっしゃっています。

> まず大切なのはやってみることです。生命は行動する者にのみその力を発揮するんです。どんな能力だって、実行を怠る者には備わらない。

（『1日1話、読めば心が熱くなる365人の仕事の教科書』藤尾秀昭監修、致知出版社）

世の中には、100％成功する方法などありません。**まずはやってみて、試行錯誤しながら自分なりの成功パターンを見つけていくしかない**のです。

私の場合は、信頼できる人に会って自分の熱い思いを語ることから始めます。人に話すことで、思いが言語化されて形になっていく。それをたたき台にして、ビジネスとして具現化していくのです。

人に話すのが苦手な人は、紙やパソコン上に自分の考えを思いつく限り書き並べ、それを元に自問自答しながら、形にしていくというやり方もあるでしょう。

いずれにしても、頭の中だけでこねくり回すのではなく、すぐに動いて目に見える形にすること。それが成功のための一歩となります。

確実に失敗する人は「やらない」「動かない」「決断が遅い」など、パターンが決まっています。積極的に行動しないから、新しい情報も入ってきません。**１００％成功する方法はありませんが、１００％失敗する方法はある**のです。

人は、迷っている時点で「やりたい」と思っています。だから、迷うことなく即決していい。「会社にもち帰ります」「上司に聞いてみます」ではなく、その場で「できる限りやってみます！」と即答することで、相手の信頼を勝ち取れるのです。

13

あなたは未来についてどう考えていますか？

ポジ活

なんとかする

ネガ活

なんとかなる

未来について楽観的であることは、行動を起こす上でとても大切です。楽観的の反対、つまり悲観的な考えをもっていると、思い悩んでしまって行動を起こすことができません。

だからと言って、「まあ、なんとかなるさ」とすべてを成り行きにまかせていると、とんでもないしっぺ返しを食らいます。**人生には、「なんとかならない」ことがたくさんある**からです。仕事においても、プライベートにおいてもそうであることは、あなたも心当たりがあるでしょう。

重要なのは、「なんとかなる」と考えるのではなく、「なんとかする」という気持ちをもつことです。

言い換えれば、「きっと誰かがなんとかしてくれる」と思うのではなく、「自分でなんとかしよう！」と考えるということです。

ビジネスで「今月はあまり売り上げが上がってないな。でも、そのうちに上がってくるだろう」と考えても、よほどの幸運に恵まれない限り、上がることはありません。誰かがなんとかしてもくれません。歯を食いしばって、自分で売り上げを立てていくしかないのです。

子育てにおいても同じでしょう。「放っておいても子どもは育つ」などとよく言われますが、実際にはそんなことはありません。親がちゃんと面倒を見て、模範となる行動を見せなければ、子どもは正しく成長できないのです。

結局のところ、人生のすべてにおいて「なんとかなる」ということはありません。**自分で「なんとかする」人だけが成長し、物事をきちんと前に進めていくことができる**のです。

「自分は誰かに頼りがち」という人は、今から「すべては自分に責任がある」と考えて、「なんとかする！」自分に変わりませんか。

「なんとかなる」から「なんとかする」へと意識を変えれば、自然と行動できるようになります。行動すれば自分が変わり、成長していきます。

失敗してもかまいません。ミスがあってもいいのです。それらを改善し、どうすればうまくいくのかを必死で考えることが大切。どんな状況でも「なんとかできる人」を目指しましょう。

14

行動しても変わらないとき、あなたはどうしますか？

ポジ活

成果が出るまであきらめない

ネガ活

途中であきらめる

「さっきから、〝行動しろ、行動しろ〟と言ってるけど、行動した結果、良くないことになったらどうしてくれるの？」と思う人もいるでしょう。その心配は当然のことです。

そういう意見に対して、私はこう答えることにしています。

「**望ましい結果が出るまで、行動してみてください**」

悪い結果が出たときに、そこで行動をストップしたら、それは悪い結果のままです。しかし、**行動を続けていく限り、結果はまだ確定していません**。

大切なのは、望ましい結果が出るまで行動し続けること。悪い結果というのは、途中の段階でしかないのです。

良い結果を望んで行動し続けていれば、ネガティブな気持ちになって、途中で挫折することもありません。そして、行動し続ける人は、ポジティブな気持ちをもち続け、必ず「成果」を手にします。

大切なのは、**良くない状況を「過去のもの」にしてしまわない**こと。良くない状況はトライアンドエラー（試行錯誤）の過程ととらえ、成果が出るまで続けていくのです。

その過程で、自分の行動を見つめ直すことも大切です。努力の方向が間違っているかもしれないと思うなら、間違いの原因を自分の頭で考えたり、誰かに助言を求めたりしながら、そのつど、改善しながら行動を続けていきましょう。

行動を続けている限り、結果は確定しません。行動をやめなければ、いくらでも挽回のチャンスがあります。あなたはもっと成長できるのです。

私自身、経営者として過去には失敗したりうまくいかなかったりしたことがたくさんありました。それでも、途中であきらめることなく、行動を改善しながら、店舗展開や事業拡大を実現してきました。

人間関係の問題やコロナ禍による打撃もありましたが、それでも成長できたのは、やはり行動し続けてきたからです。続けていれば、どんな状況でも、結果を出すことは可能なのです。

15

あなたを応援してくれる人はいますか？

○

ポジ活

周囲に応援されている

×

ネガ活

誰にも応援されていない

人は「ポジティブになろう」と思った時点で行動したくなるものです。そして行動することで、さらにポジティブになっていきます。ポジティブになれば、人が集まってきます。

行動すれば変化も生まれます。そこからチャンスも生じるでしょう。変化とチャンスによって、お金や幸せを手繰《たぐ》り寄せることも可能になるのです。

私自身、常にポジティブに行動し続けることで事業を成功させてきました。その過程で応援してくれる人がどんどん増え、さらなる成長を実現しています。

人は、行動をしていれば、手を差し伸べてもらえます。反対に、行動していない人は、誰も支援してくれません。

事業においても、一生懸命やっている人が応援されています。そこから仲間も増え、支援者も増えていくのです。

寝る間も惜しんで必死に努力している人間は、必ず誰かから評価されます。苦しいときには、助けてくれる人も現れます。

やはり**誰しも、頑張っている人を応援したいと思う**でしょう。そのためには、行動し続けることが欠かせないのです。

事業も、学業も、家庭も、すべて同じ。行動し続けていれば、必ず応援してくれる人が増えていきます。

こうして、人は成長し、幸せをつかんでいくのです。


どんなこともポジティブにとらえることで、意識のシフトチェンジが可能となります。その結果、自然と行動が変わり、知らず知らずのうちに夢が叶っていきます。

お金も恋も人脈も健康も、すべてがあなたのもとに引き寄せられていくのです。


人生はときに残酷です。病気やケガ、事故などに見舞われることもあるでしょう。

しかし、ポジティブであり続ければ、そうした逆境も必ず乗り越えることができます。人生がマイナスの状態であっても、プラスの状態へと好転していくのです。

「ポジ活」3rd STAGE

～口ぐせを変えよう

16

あなたの口ぐせは何ですか？❶

○

ポジ活

「きっと」

×

ネガ活

「でも……」

何かにつけ「でも……」と口にする人がいます。

このように「でも」をひんぱんに使うことを、私は「でも行進」と呼んでいます。

「でも行進」する人は、ほぼ１００％ネガティブな思考の持ち主です。「でも」のあとには、「でも、私にはできません」「でも、うまくいかないと思います」など、必ずネガティブな言葉がついてくるからです。そんなことをずっと繰り返していれば、考え方がネガティブになってしまうのも無理はありません。

この本を読んでいる人は、「ネガティブな思考習慣を脱してポジティブに考えられるような自分になりたい」という方ばかりだと信じます。

もし「でも」があなたの口ぐせだったら、今から「でも行進」をやめてみませんか。

ポジティブな自分になるには、「でも」に代わる口ぐせを身につけること。

私は「きっと」をおすすめします。

「きっと」に続くのは、「きっと、叶う」「きっと、うまくいく」など、多くはポジティブな言葉です。

「きっと」に似た言葉に「たぶん」や「おそらく」がありますが、「たぶん」や「おそらく」では、やはり弱いですね。自信がなさげですし、ネガティブな言葉が続くことも多くあります。

その点、「きっと」のほうがポジティブですし、自信も感じさせます。口にすると、覚悟もできます。

「言葉が人をつくる」と言います。ちょっとした言葉づかい、ちょっとした表現の仕方が、あなたという人間の思考から何からすべてを表しているんですね。政治家や芸能人の失言が大きな批判を浴びるのは、言葉だけの問題ではなく、背景にあるその人たちの考え方や資質そのものに問題があるととらえられるからです。

だから、言葉を軽く考えてはダメ。その言葉を形成する口ぐせひとつとっても、注意を払う必要があるのです。

「でも行進」している人は、それが無意識になっているでしょうから、まずは意識して口ぐせを「きっと」に変えること。**自分が発する「きっと」を1日に何度も耳にしていると、自然に考え方や行動がポジティブになっていきます**。「でも行進」より「きっと行進」です。

17

あなたの口ぐせは何ですか？❷

ネガ活

「無理」「できない」

ポジ活

「楽勝」「できる」

あなたが発している言葉を一番聞いているのは誰でしょうか？

あなたの同僚、あなたのパートナー、あなたの子ども……。

様々な顔が浮かんでくると思いますが、全部ハズレです。**あなたの言葉を一番耳にしているのは、「あなた自身」**なのです。


催眠術を使わなくても、言葉というのは人に多大な影響を与えます。それは、自分自身も例外ではありません。ここまで言葉の大切さについて繰り返してきましたが、どれだけ繰り返しても足りないくらい、これは重要なことなのです。


だから、自分がどんな言葉を使うかによって、自分自身の考え方や行動は変わります。

もし、今の自分の考え方や行動を変えたいなら、自分の言葉を変える必要があるのです。

自分の言葉を変えるには、自分がふだんどんな言葉を使っているかを知ること。

ただ、他人の言葉の特徴には気づきやすいのですが、自分の言葉の特徴を知るのはなかなかむずかしいことです。

誰か親しい人に聞くか、自分がしゃべっているところを録音して、ひんぱんに出てくる「口ぐせ」を知るようにしてください。

そうして自分の口ぐせがわかり、それが「無理」とか「できない」など、ネガティブなものばかりだったら、「楽勝」とか「できる」などポジティブなものに変えるように心がけてください。

「どうせできない」「でも無理だ」などの言葉を使っている人は、どんどん自信がなくなっていきます。「できない」「無理」ということを自分に言い聞かせているのと同じだからです。

反対に、「自分はできる！」「自分ならやれる！」などのポジティブな言葉を使っていれば、それが自信を養うことにつながります。

ニデック（旧・日本電産）会長の永守重信さんはこんなことをおっしゃっています。

社員によく言うんです。
「物事を実現するか否かは、まずそれをやろうとした人が〝出来る〟と信じることから始まる。自ら〝出来る〟と信じた時にその仕事の半分は完了している」とね。

（前掲『1日1話、読めば心が熱くなる365人の仕事の教科書』）

ちなみに私がよく使っているのは、「**今日が一番調子いい！**」。毎朝、起きてすぐ口にするようにしています。実際に声に出して、です。

もちろん、日によっては調子が良くないことがあります。しかし、それに影響されることなく「今日が一番調子いい！」と宣言する。そうやって自分に言い聞かせることで、調子をコントロールしているのです。

頭の中で願っているだけでは何事も実現できません。そうではなく、実際に声に出し、行動に移すことが大事です。

「営業成績でトップになりたい」「顧客満足度で1位になりたい」などの願いも同じです。

実際に口に出している人間ほど、そこに近づけます。言葉によって、具体的な行動が促されるからです。

また、**口に出して宣言すると、チャンスも得られやすくなります**。聞いた人から、手を差し伸べてもらえる確率が高まるからです。

あなたも、願いごとや達成したいことは、頭の中で思うだけでなく、ぜひ口に出すようにしてください。そして、日頃からポジティブな言葉をどんどん使ってください。

18

あなたは愚痴っぽいほうですか？

○

ポジ活

愚痴を言わない。
周りの愚痴を放置しない

×

ネガ活

愚痴っぽいほうだ

先ほど、「言葉が人をつくる」と言いましたが、**言葉は人の「未来」までもつくります**。

あなたがふだん使っている言葉が、自らの行動を促し、その行動が周囲に影響を与えます。そして、その影響があなたに返ってくることで、あなたを取り巻く未来がつくられていくのです。

精神科医の樺沢紫苑さんも、自身のＹｏｕＴｕｂｅチャンネルで、こんなことをおっしゃっています。

> 人間は言葉に強い影響を受けている。ポジティブなことを言うとポジティブな気分になるし、ネガティブなことを言うとネガティブな気分になる。自分のメンタルや気分、性格は、自分が発する言葉によってつくられている。

とくに人間関係の場合、ポジティブな言葉で相手に接すれば、相手もポジティブな言葉で返してくれます。お互いにポジティブな気分でいられますね。

誰でも、ネガティブでいるよりもポジティブでいるほうが心地良いもの。だから、ポジティブな言葉を使う人には、ポジティブな人が集まってくるのは当然のことです。


それは、自分自身の〝レベル〟にも関係してきます。

愚痴ばかりこぼす人の周りには、愚痴っぽい人が集まります。

ためしにあなたの周りの人をよく観察してください。明るく前向きな人が多いですか？　それともネガティブなことばかり口にする人が多いですか？　もし、ネガティブで愚痴っぽい人が多いとなると、あなたもそのレベルにいると考えていいかもしれません。つまり「この人ならわかってくれる」「共感してもらえるはず」など、愚痴を言う相手として適任だと思われているのです。


会社の場合、たとえば上司と部下や、同僚どうしという関係だと、いつも顔を合わす相手を選ぶことはできません。愚痴っぽい上司、愚痴っぽい部下、愚痴っぽい同僚と同じ職場で働いていると、３Ｄ言葉が伝染して、自分まで愚痴っぽくなってしまいます。

そのような状況を放置してはいけません。とくに、愚痴っぽい部下をもつ上司であれば、「その話には共感できない。愚痴ではなく意見を出してくれ！」などと諭すべきでしょう。

また上司としては、部下に愚痴を言われた時点で「愚痴が出ないようにするためにも、もっと職場の環境を良くし、自分のレベルをもっと高めなければ！」と奮起するべきです。

私自身、部下をもつ者に対してはそのように指導しています。その結果、社内はポジティブな人間ばかり。おかげで組織としても結束力が強まっています。

「**愚痴は、自分や組織のレベルを測るバロメーター**」。このことを肝に銘じてください。

19

あなたはどんな言葉で謝りますか？

○

ポジ活

「ありがとう」「ごめんなさい」

×

ネガ活

「すいません」

「すいません」という言葉が口ぐせになっている人がいます。

中には、挨拶の言葉や接続詞のように使っている人もいますが、あまり感心できません。ネガティブな言葉だからです。

あなたが「すいません」を口ぐせのように使っているのであれば、今からポジティブな「ありがとう」に変えてみてください。

口ぐせというのは、たいてい無意識に発していることが多いので、変えるには自分の言葉に意識的になることが必要です。

最初は、つい「すいません」が口をついて出てくるでしょうが、そのつど「次は〝ありがとう〟を言おう」と意識すれば、しだいに口ぐせが「ありがとう」に変わっていきます。

たとえば、誰かに仕事をお願いするとき。「すみませんが……」と言うのではなく、「いつもありがとうございます」と言ってみる。それだけで相手が抱く印象は大きく変わります。**〝謝罪〟ではなく〝感謝〟の気持ちが伝わる**からです。

「ありがとう（有り難う）」という言葉は、「有り難《がた》し」に由来しています。つまり「めったになく貴重なこと」という意味です。

実際「ありがとう」を多用する人は、周囲でたくさんの奇跡が起きていることを認めています。それは、とても素晴らしいことです。

また、謝罪をしなければならない場合も、「すいません」と言うのはあまり感心しません。「すいません」は「すみません」が変化した言葉で、漢字で書くと「済みません」。時代劇などで、武士が「済まん」「済まない」と言う場面がよく出てきますが、もともとは「自分の気持ちが済まない」という意味で、あくまで**自分が主体の言葉**です。とくに現代では、挨拶の言葉や接続詞のように使われるくらいですから、謝罪の言葉としては安直な表現のように受け取られかねません。

「すいません」の代わりに使いたいのは「ごめんなさい」。許すの意味の「免」に尊敬を表す「御」がついて「御免」となり、もともとは自分の非を許してくれる人を敬う言葉でした。つまり、**相手が主体の言葉**。同じ謝罪の表現でも、「自分が主体」の言葉と「相手が主体」の言葉とでは、どちらが謝罪の気持ちがこもっているか、もうおわかりですね。

便利な言葉を使い続けていると、そこに気持ちが乗らなくなってしまいます。自分の気持ちをきちんと伝えるためにも、「ありがとう」や「ごめんなさい」を使うようにしましょう。

20

あなたは今「忙しい」ですか？

ネガ活

忙しい。いつも「忙しい」が口ぐせになっている

ポジ活

忙しいけど、「忙しい＝私って人気者だから」ととらえる

いつも「忙しい」と感じている人がいます。
実際に「忙しい」が口ぐせになっている人も。

でも、「忙しい」というのは、やはりネガティブな言葉。「忄（心）を亡くす」と書くことからも明らかです。
ひんぱんに口にしていると、無意識にその「忙しい」を「やらない理由」にしてしまっていることもあるから要注意です。

あなたは「忙しい」が口ぐせになってはいませんか？
もしそうだとしたら、それだけ**あなたに〝やること〟がある**からです。そして、その行動は、誰かのためになっているはずです。

たとえば、仕事で忙しいのだったら、会社やお客さんに必要とされていること。あなたが抜けてしまうと、会社やお客さんはとても困ることになるでしょう。

また、家事で忙しいのだとしたら、その忙しさは家族のためになっています。食事をつくり、掃除や洗濯をし、保育園に子どもたちの送り迎えをする。それらすべてが、家族から必要とされていることなのです。

つまり、**忙しいというのは「あなたがいなくてはならない」と思われている証拠**。周囲から必要とされているというのは、とても素晴らしいことです。

だから「忙しい、忙しい」と思ったり口にしたりするのではなく、「私って人気者だから」と考えるようにしましょう。

こうして考え方をポジティブに変換すると、意識も自然と前向きになります。やるべきことがたくさんあっても、「順に片づけていくぞ！」という力も湧いてきます。

だからと言って、頼まれたことをすべて引き受ける必要はありません。忙しすぎてあなたがパンクしてしまっては元も子もありません。

そういうときは「ごめんなさい。今はあなたの要求に応えることができません」と断るか、周りの人に助けを求めるようにしましょう。

21

あなたは疲れていますか？

×

ネガ活

疲れている。つい「疲れた……」
と言ってしまう

○

ポジ活

疲れているけど、「頑張った！」
と言うようにしている

「疲れた」が口ぐせになっている人も多いですね。ひとり言のように「疲れた〜」と言う人もいれば、誰かにいたわってもらいたいかのように「疲れた……」と口にする人もいます。

けれど、それを聞いて周りの人はどう思うでしょうか。あまりいい気持ちはしないはずですね。「疲れているのは、あなただけじゃないんだけど」と思う人もいるでしょう。

「疲れる」の語源は「憑《つ》く」。「悪霊に憑かれる」「物《もの》の怪《け》に憑かれた」など、悪い物に乗り移られるということ。言うまでもなくネガティブな言葉です。

「疲れた」をひんぱんに口にしていると、実際には疲れていなくても、言葉の力で「疲れた感じ」になります。やがて、「本当に」疲れてしまうかもしれません。

そして、その「疲れた」が「やらない理由」になってしまうんですね。

「〝疲れた〟が口ぐせになっているかもしれない……」という心当たりのある人は、

「疲れた」と思ったときに、その裏にある「自分が頑張ったから」という事実を大切にしてください。

あなたが疲れているのは、頑張った証拠です。頑張っていない人は疲れません。

だからあなたは、日々、全力で頑張っている人なのです。

まずは、そのことを認めましょう。結果や周囲の評価にとらわれることなく、自分の頑張りを褒めてあげてください。

そうすることで、ポジティブな言葉や感情が生まれ、次の行動につながってくるのです。

また、「疲れた」という言葉の代わりに、「今日は頑張ったぞ！」「よし、明日も頑張ろう！」と言えば、自分も周囲も元気になります。「私も今日は頑張った！」「私も明日も同じように頑張ろう」というポジティブの輪が広がっていくのです。

もちろん、頑張っても結果が出ないときや失敗することもあると思います。

それでも、あなたが頑張った事実に変わりはありません。

誰がなんと言おうと、あなたが「頑張った」からこそ、「疲れて」いる今があるのです。

ぜひ「疲れた」の裏にある「頑張った」に目を向けるようにしましょう。

22

あなたは何かに挑戦するとき悩むほうですか？

ネガ活

悩んだり迷ったりしたあげく
「やらない」

ポジ活

選択肢は「やるか、絶対にやるか」
の二択！

口ぐせということでは、前にも述べたように「やるか、絶対にやるか」という二択の考えも非常に重要です。

もしあなたが今、何かに挑戦するのに悩んだり迷ったりしているとしたら、ぜひ、「やるか、絶対にやるか」と唱えるようにしてください。

悩んでいる時点で答えは出ています。迷うのは「本当はやりたい」と思っているからです。そうでなければ、そもそも悩んだり迷ったりはしません。

心理学の世界に「ファーストチェス理論」があります。これは、プロのチェスプレイヤーが「5秒で決めた手」と「30分考えた手」とを比べたところ86%が同じだったことから導き出された理論で、最初に浮かんだ考えや結論はだいたい合っているということです。つまり、「やる！」と決めたら、その後で色々悩んでもあまり意味はないのです。

ですので、「やるか、絶対にやるか」を合言葉に、すぐ行動するようにしてください。悩んだり迷ったりしている時間がもったいない。精神科医の樺沢紫苑さんも、著書『神・時間術』（大和書房）の中で、「**時間の使い方で、人生がすべて決まる**」と書いています。

そのことに気づいた人だけが、いち早く行動し、成功を勝ち取っています。私も常に「やるか、絶対にやるか」と唱えていたので、ビジネスの世界においても、ライフワークとも言える体づくりの世界においても、いち早く成功を手にすることができたのです。

たとえば私は、ボディコンテストでグランプリを獲ったことがあるため、今では「グランプリ男」と名乗ることができます。

けれどそれまでは、2位や3位止まりでした。もしそこであきらめてしまえば、「準グランプリ男」でしかなかったのです。

それでも、悩んだり迷ったりすることなく、グランプリを獲るのに必要なトレーニングや栄養管理を行い、立ち止まらずに行動してきました。

その結果、晴れて「グランプリ男」になることができたのです。

人生は長いようで短いものです。**悩んだり迷ったりしているうちに、その分の時間が削り取られてしまいます**。だから成功も先延ばしになります。

なかなか行動できない人は、今この瞬間に「やるか、絶対にやるか」の二択で考えるようにしてください。

「やるか、絶対にやるか」という口ぐせが、あなたの行動の原動力になり、夢を現実にするのです。

「ポジ活」4th STAGE

～視点を変えよう

23

あなたが「10万円が入った財布」を落としたら、どう考えますか？

ポジ活

失くしたものは仕方ない。
新しい財布を探すチャンス！

ネガ活

ひたすら後悔して落ち込む

ちょっと想像してみてください。

あなたは10万円入った財布を失くしてしまいました……。


よほどのお金持ちでもない限り、いやお金持ちだって、きっと落ち込むはずですよね。10万円あれば、高級なレストランで美味しい食事を楽しめるし、ラグジュアリーホテルで夜景を見ながら一晩過ごすこともできます。その可能性を失うわけですから、落ち込んで当然です。

あなたはどこで落としたかを必死で思い出そうとするでしょう。「あそこかもしれない」「ここかもしれない」などと記憶をたよりに、あちこち探すはずです。

しかし、その甲斐なく見つかりません……。

で、肝心なのはそのあとです。


たいていの人は、落とした自分を責めるでしょう。そうしてまた、落ち込みます。

すると、**自己評価がどんどん下がってしまいます**。「自分はダメな人間だ」「自分には何の取《と》り柄《え》もない」と考えて自己評価が低くなってしまうと、仕事や人間関係までうまくいかなくなり、10万円どころではない損失が生じます。

そんな悲劇を避けるためにも、何か問題が起きたときは、どこかにポジティブな面があるかどうかにフォーカスするようにしましょう。

10万円が入った財布を落としてしまったのであれば、落ち込む前に「拾った人に幸せを分け与えることができた」とか「財布を買い換えるチャンスかも」とか「落とした経験をお客さんに話して教訓にしてもらおう」などと、少しでも「良い面」を探します。

その上で、「お金はまた稼げばいい！」と切り替えます。そうすると、自然と次の頑張りが引き出されていくのです。

もし、切り替えがうまくいかないようなら、近くに誰もいないときを見計らって、

お金はまた稼げばいい！

と大声で10回口にしてみる。すると、ウジウジした気分が晴れて、体の中から前向きなパワーが湧いてくるはずです。

このように見方を変えると、財布を落としたことも、単なる損失ではなく学びの機会に変わり、自分の成長を促すきっかけになります。

成長できれば、失ったものよりもはるかに大きな成功を得ることも可能となります。「10万円を失くしたおかげで、もっと大きなものを得た」と思える日がきっとやってきます。

何か問題が起きたときは、その一面だけをとらえて、失敗と判断してはダメ。

その中にある「良いこと」に着目し、自分の成長へとぜひつなげていきましょう。

24

あなたは「自分らしさ」をどうとらえていますか？

ネガ活

周りと違うことを
ネガティブにとらえる

ポジ活

周りと違うことを
「貴重な個性」ととらえる

「あなたらしさ」というのは、特別な才能です。他の人とは違う独自のものをもっていること自体、非常にレアなことだからです。

ただ、中には「自分の考え方は他の人と違う」「自分の性格は他の人とは相容《あいい》れない」などと、自分らしさをネガティブにとらえている人もいるようです。そうして、みんなの考えに合わせ、みんなと同じような自分になろうとします。

しかし、そんなことをする必要はありません。個性的なのは誇るべきことですし、自分らしさをもっと大切にするべきです。

クローバーはほとんどが三つ葉ですが、ごくたまに四つ葉が交じっていることがあります。「四つ葉のクローバーを見つけると幸せになる」なんて言い伝えもありますね。

では、四つ葉のクローバーを見つける確率はどのくらいかご存知ですか？

一説によると、0・01〜0・001％、つまり1万分の1から10万分の1です。いかに貴重な存在かわかりますね。「幸せになる」という言い伝えも納得できます。

ちなみに、五つ葉は１００万分の１、六つ葉は１６００万分の１、七つ葉になると２億５０００万分の１の確率と言われています。

クローバーと同じように、レアな個性は貴重な存在です。だから、大いに喜んでください。

他の人と同じなのではなく、**違うことによって、特別な存在になれます**。だからこそ、個性はとても大事なものです。

たしかに世間には、同調圧力といって、みんなに合わせるのを良しとする風潮があります。ただ、それに従う必要はありません。自信をもって、自分の個性を表に出してください。

そして、「あなたらしさ」に誇りをもつようにしましょう。

できれば、自分らしさをよりアピールするようにしてください。

自分らしさに自信をもって生きている人は、社会の様々な場面で活躍することができます。

自分らしさをさらけ出している人は、周囲からもその価値が認められやすくなるからです。だから、その個性を大切に扱い、それが仕事を通して発揮できるよう努力を続けていきましょう。

もし、あなたらしさを認めてくれない人がいたら、そういう人と無理に付き合う必要はありません。理解してくれる人とともに、前を向いて歩んでいきましょう。

25

あなたは辛《つら》い状況に直面したとき、どうしますか？

×

ネガ活

逃げる

○

ポジ活

辛さの先に成長と幸せがあると信じて努力する

人生には、辛いとき、苦しいときが必ずあります。何をやってもうまくいかない、事態が好転する見込みがないときは、「ダメだ」「もう無理かも」などと感じることもあるでしょう。

とくに、ふだんから努力を重ねている人はなおさらです。自分の頑張りは意味がないことかもしれない……。そう思って、心が折れそうになるときもあるでしょう。けれど、そこであきらめてはいけません。なぜなら、**辛いとき、苦しいときこそ、自分が最も成長している**ときだからです。

辛さや苦しさが成長の過程なら、それはいつかは乗り越えられるもの。自分が成長し、さらに大きな成果を生み出せるのなら、その辛さもいつかは報われる日が来ます。

このように、辛い状況も、ポジ活によって、「よし、この壁を乗り越えるぞ！」という気力の源泉にもなりうるのです。

辛さの真っ只中にいると、「あの人は楽しそうだな」「あの人は幸せそうだな」などと人のことがうらやましく見えてくるものです。しかし、楽しそうな人、幸せそうな人だって、心の中では辛さを抱えているかもしれません。心の中は、他人には窺《うかが》い知れないものなのです。

実際私の知っている経営者さんの中で、今は幸せそうに見える人でも、たいへんな苦労を乗り越えてきた人が何人もいます。

私自身も起業したときは、運転資金も人手も足らずとても苦労しました。それでも努力を続けた結果、成果を上げることができたのです。

学業でも同じでしょう。東大のような難関大学に入っている人の多くは、みんなが遊んでいるときでも必死に勉強してきたはずです。「**努力なくして成果なし**」なのです。

もしあなたが今、頑張っても結果が出ない状況が続いているとしても、あきらめずにもう少しだけ、努力を続けてみてください。その頑張りは、いつか報われるはずです。

たとえ、思うような成果が上げられなかったとしても、努力をしただけの経験値は残ります。その経験値は、別の新しいことにチャレンジするときに、大きな財産になるでしょう。

辛いときほど「もう少しで幸せになれる」「ここを踏ん張れば成長できる」とポジ活をすること。**「辛」という字に横線をひとつ足せば「幸」になる**ことを忘れないでください。

26

あなたが仕事でうまくいっていないとき、どう考えますか？

ネガ活

「ヤバい！　もうダメだ」と考える

ポジ活

「ヤバい！　うまくいきそう」と考える

近年、とくに若い人の間で「ヤバい」という言葉がよく使われています。

もともとは「危険だ」「このままではまずい」という否定的な意味の言葉でしたが、いつからか「とてもいい！」「斬新だ！」などポジティブなニュアンスが加わるようになりました。

たしかに、料理をひと口食べて「とても美味しい！」と言うよりも、「ヤバい！」と表現したほうが、どれくらい美味しいかが直感的に伝わります。

このように、みんなが使っている言葉でさえ、いつの間にかネガティブな意味よりポジティブな意味のほうが主流になることがあります。

ネガティブかポジティブかは、そのときの状況や人々の気分に左右されやすいということです。

それと同じで、あなたの仕事が今うまくいっていないとしても、1週間後にはガラッと好転していることもあります。状況や人の気分というのは移ろいやすいものです。だから、好転する可能性を信じ、前に向かって行動し続けることが大切。途中であきらめてしまっては、その可能性を自ら閉ざすことになるのです。

27

あなたは自分の短所をどうとらえていますか？

ネガ活

「短所は短所」ととらえている

ポジ活

「行きすぎた長所」ととらえている

どんな人にも短所や欠点があるはずです。それをコンプレックスに感じている人も少なくありません。

たとえば、怒りっぽい性格の人。同僚や部下、家族に対して感情のままに声を荒らげてしまったあとは、「また怒ってしまった」「これでは嫌われても仕方がない」などと落ち込むことが多いのではないでしょうか。

もちろん私にも短所があります。今やっていることに対しては常に熱量が高いのですが、興味のあること以外には力が出ないこと。また、猪突猛進しすぎて周りが見えていないことが挙げられます。

ここで大事なのは、その短所をどうとらえるかではないでしょうか。ポジ活で見方を変えてみると、短所も長所としてとらえることができます。

たとえば、怒りっぽい人は「自分が怒りっぽいのは、何事にも真剣に取り組んでいるからだ！」と考えてみるのです。

そうすると、怒る理由もわかります。真面目で、理想が高く、妥協を許さないからこそ怒るのです。それは必ずしも悪いこととは言えないでしょう。こだわりが強いため、素晴らしいものを生み出す可能性があります。

部下に対して怒ってしまう場合も、その部下が憎いからではなく、「成長してほしい」と願っているからこそ、つい感情的になってしまうのかもしれません。

もちろんパワハラはＮＧですが、相手を思って適度に叱ってあげることは、本人のためになります。裏を返すと、それは優しさでもあるのです。

このように、**短所は長所と裏表の関係**にあります。

熱い人は怒りっぽくなり、淡白な人は怠惰《たいだ》になりやすい。他人に親切な人も、度が過ぎればおせっかいになりますし、無関心すぎると冷たい人になってしまいます。

自分の短所を認識している人は、**ちょっとだけ裏の要素を足してみる**ように意識してみてください。

そうすると、あらゆる短所は長所に変えられます。自分の欠点を〝短所〟ではなく〝行きすぎた長所〟ととらえ、工夫をして、本物の長所へと変えていきましょう。

「ポジ活」5th STAGE

～夢や目標をもとう

28

あなたは夢をどのように叶えますか？

○

ポジ活

ゴールを書き出して、
そこまでのルートを明確にする

×

ネガ活

とくに考えはない

ポジティブな人は、みな「夢」や「目標」をもっています。

夢や目標とは、自分が本当にやりたいこと、一生をかけて実現したいことです。

行動する目的も、最終的にはそれらを実現することです。

何かを成し遂げるには、手段とゴールがあります。

仕事でもプライベートでも、夢や目標を実現させたいならまずそのことを理解しておく必要があります。

行動を起こすにしても、何も考えないまま動き出したのでは、夢が叶うことはありません。

大切なのは、**結果（ゴール）から逆算すること**。**まず夢（ゴール）を描き、そこから叶えるためのルート（手段）を導き出す**のです。

簡単な例でお話ししましょう。

免許を取り立ての人が、自分で車を運転してディズニーランドに行くのが夢だとします。

この場合、夢（ディズニーランド＝結果）とそこに到達したい時間を考え、そこから逆算してルート（手段）を考えることで、夢に向かって進むことができます。

これと同じように、行動の始まりは目標からの逆算です。目標という夢や未来が想像できれば、自然とやるべきことが見えてきます。

たとえば、10年後に家を手に入れるのが夢なら、5年後にはどれくらいの貯金をしておかなくてはいけないか、それを考えます。

5年後がわかれば3年後、3年後がわかれば1年後、半年後、1か月後……と、逆算していくことができます。

1か月後の目標貯金額が見えれば、今日使えるお金がいくらまでかということも自ずとわかるはずです。

ダイエットや年収も同じです。いつまでにどうなっていたいのかを考え、5年後、3年後、1年後、半年後、1か月後と逆算して落とし込んでいくのです。

そうすれば、目標との距離もわかり、ボーッと1日を過ごすこともなくなります。

そして、**夢や目標が定まったら、実現したときの状態を頭の中でしっかりイメージする**のです。

稲盛和夫さんは著書の中で、こう語っています。

> 夢が大きければ大きいほど、その実現までの距離は遠いものになる。しかし、それでもそれが成就したときの姿や、そこへ至るプロセスを幾度もシミュレーションし、眼前に「見える」までに濃密にイメージしていると、実現への道筋がしだいに明らかに見えてくるとともに、そこへ一歩でも近づくための様々なヒントが、何気ない日常生活からも得られるようになっていくものです。

（前掲『生き方』）

つまり何度も繰り返し夢や目標をイメージしていると、そこに至るまでの過程が見えてくるということです。過程がわかれば、逆算もしやすいはずです。

しかし、中にはゴールを設定することをプレッシャーに感じる人もいます。「できなかったらカッコ悪い」と考えて、「自分には無理」と最初からあきらめてしまうのです。

そういう人こそ、物事をポジティブに考えましょう。

夢を実現できたときの喜びを頭の中だけでなく全身を使って想像し、それに向かってポジティブスイッチを押し続ける。

そして、その過程で得た成功体験を大事にして、それを自信に変えて突き進んでいくのです。

原因がなければ、結果もありません。
原因は、あなたの最初の一歩から形づくられていくのです。

29

あなたは目標をどのように設定しますか？

ネガ活

高い目標を掲げる

ポジ活

達成可能な目標にする

夢や目標を設定するときに注意したいのは、最初から高すぎる目標を掲げると失敗しやすいということです。

「もし、今の自分にはハードルが高すぎるかも」と感じたら、ハードルを下げることも考えてください。

もちろん高い目標を立てるのは、とても良いことです。それが、ポジティブスイッチ連打につながって、めでたくクリアということもあるでしょう。

でも、高すぎる目標は、あえて言うなら「百害あって一利なし」。起業した会社をいきなり「ユニコーン企業（10年以内に10億ドル以上の売り上げを達成した未上場企業）にするぞ！」という目標を掲げても、誰もが前澤友作さんやイーロン・マスク氏のようになれるわけではありません。そういう天才的なビジネスマインドの持ち主は、1万人に1人、いや1千万人に1人の存在なのです。

もうちょっと身近な例で言うと、営業の仕事の場合、「来月は営業成績で1位になる！」という目標を掲げても、今、下から数えたほうが早い成績なら、かなりハードルが高い目標と言わざるをえません。根がネガティブ思考の人なら、いつまで経っても目標に1ミリも近づかない状況が続いて、「やはり自分はダメだ……」と、メンタルをやられてしまうでしょう。

肝心なのは、**「ちょっと高め」の目標を立てる**こと。

たとえば、「来月は営業成績の順位を5つ上げる」とか「1年以内に上位10以内に入る」という目標なら、クリアする確率は高くなります。

料理評論家の山本益博さんがイチローさんにインタビューした際に、イチローさんがこんなことをおっしゃっていたそうです。

目標は高く持たないといけないんですけど、あまりに高すぎると挫折してしまう。だから、小さくとも自分で設定した目標を一つひとつクリアして満足する。それを積み重ねていけば、いつかは夢のような境地に辿り着く

（前掲『1日1話、読めば心が熱くなる365人の仕事の教科書』）

野球の世界で数々の偉大な記録を打ち立てたイチローさんでさえ、最初に設定するのは小さな目標であることを知って、私はとても感動しました。

また、精神科医の樺沢紫苑さんも、著書の中でこうおっしゃっています。

人間の脳は「ちょい難」、つまり「ちょっとだけむずかしい」を好みます。一生懸命頑張ると、ギリギリでなんとかクリアできる難易度です。「ちょい難」の課題に挑戦するときに、脳はドーパミンを最も多く分泌します。

ドーパミンは学習を司る脳内物質。これが分泌されると、意欲や集中力が高まり、仕事の生産性が上がる。記憶力も高まり、学習効率も飛躍的にアップす

る。つまり、ドーパミンが出ているかどうかで、仕事や勉強の効率がまったく違ってくるのです。ドーパミンは私たちの目標達成を加速させる「目標達成物質」ともいえるでしょう。

（『精神科医がすすめる　これからの生き方図鑑』光文社）

ポジティブのかたまりのような私でも、最初から無理な目標を掲げてきたわけではありません。

現在の自分の実力からして「ちょっと高め」の目標を掲げ、それをクリアしたら次の目標、それをクリアしたら次の目標……と、一段ずつ階段を上ってきたのです。決して、最初から3段飛ばし、５段飛ばしを目指していたわけではありません。

実際、スタッフには「年商1兆円を目指す！」ではなく、「まずは１００億円を目指そう！」と言っています。

それは、ちょっと高めではあるけど、到達できる可能性があるからこその数字です。

正しい目標設定ができる人は、そのために何をすればいいかという行動もクリアに見えてきます。

だからこそ足を止めずに、どんどん行動し続けられるのです。

30

あなたは自分の目標にワクワクしますか？

ネガ活

しない。
ただ目標を立てているだけ

ポジ活

している。常にワクワクする
目標を立てている

目標に向かうための努力は、その目標に対して自分の中に「ワクワク」がないと続きません。

ワクワクがあるからこそ、「よし、やるぞ！」とポジティブになれます。「失敗したらどうしよう」などと、ネガティブに考えることもなくなります。

私も、自分がやっていることにはすべてワクワクしています。そして、ゴールに到達することをひたすら楽しみにしています。

たとえば、年商１００億円を目指すことに関しても、会社を一部上場させることに関しても、その瞬間が訪れることにワクワクしています。その気持ちがあるから、日々楽しみながら行動できているのです。

矢沢永吉さんは著書の中で、音楽の世界で成功しようとバイト先の映画館の屋上で発声練習をしているとき、こんなふうに思ったそうです。

なんか、自分がとんでもない作業をしてるって感じ。ドエライことが始まろうとしている……。

『成りあがり』（角川文庫）

この「ドエライことが始まろうとしている」予感。これこそが「ワクワク」です。ぜひあなたも、自分が目指すことにワクワクしてください。もっと言えば、自分の未来にワクワクするのです。

そのためには、可能な限り具体的な目標を掲げること。それがイメージしやすいものであるほど、ワクワクはふくらんでいきます。

年商１億円の会社の社長さんであれば、「年商１００億円を目指す！」などは非常にわかりやすいでしょう。店舗数を１００倍にすれば、それだけで達成できる可能性が出てきます。

営業マンであれば、「営業所で売り上げベスト３に入る！」というのもワクワクする目標ですね。そうなるには、商品知識を増やしたり、コミュニケーション力を磨いたり、人間力を高めたりなど、やるべきことがクリアに見えてきます。

このように、具体的な目標を立ててそれにワクワクしていれば、悩むことはありません。まさに「やる」か「絶対にやる」という選択肢しかないからです。

立てた目標にワクワクしないのであれば、その目標が低すぎるか、無理をしているか、どちらかの可能性があります。ハードルを上げたり下げたりして、ワクワクする目標を変えましょう。

ワクワクしない目標を掲げていてはダメ。それは、本当に自分がやりたいこととは異なる可能性があります。

あるいは、経験値が足りないために、適切な目標を設定できていないのかもしれません。そのような人はまず、たくさん行動したり、自分が目指す目標をすでに達成している人に話を聞いたりして、知見を増やす努力をしてください。

その先に、自分が本当に目指すべきゴール、ワクワクする目標があるはずです。

31

あなたは「やりたいこと」がありますか？

×

ネガ活

「やりたいこと」がわからない

○

ポジ活

「やりたくないこと」ならある

ここまで、あなたが夢や目標をもっていることを前提に話を進めてきましたが、「夢や目標なんてない」「そもそも自分のやりたいことなどない」「やりたいことがわからない」という人も結構います。ネガティブな人の場合、とくにその傾向が強いでしょう。

そういう人は、あえて**「やりたくないこと」を書き出してみる**のはいかがでしょう。

とくに今の若い人は、「やりたいことがわからない」「とくにやりたいことがない」などと言う反面、「やりたくないこと」には非常に敏感です。

「やりたくないこと」がわかれば、それを避けるためにはどのように行動すべきかが見えてきます。

たとえば「営業がやりたくない」という人の場合。

それでも商品を売る必要があるなら、「どうすれば営業をせずに商品を売ることができるだろう？」と考えます。

やりたくないことを実際に書き出してみると、「そうだ！　売り込まなくても売れる状態をつくればいいんだ！」などという気づきが得られるはずです。

そのひとつが、「『あなたが〝いい〟と言うなら買うよ』と言ってくれる人を増やす」だとしましょう。この場合、あなた自身が信頼される人になる必要があります。誰しも、信頼している人から商品を買いたいと思うものです。売り込みをしたくないのであれば、人間力を身につけ、自分が信頼に足る人物になる――こうして、努力をする方向性が見えてきます。

　人間力を鍛えるには、相手の話を親身になって聞くなど、傾聴の姿勢を身につけることが欠かせません。

　私が経営している整骨院の場合であれば、患者さんの話に耳を傾け、適切なサービスを提供していく。こうして、信頼を獲得できる人間へと成長していけるのです。

このように、自分が「やりたくないこと」から考えてみると、今何をするべきか、努力の方向性が見えてきます。方向性がわかれば、それにしたがって、自分をどんどん成長させていけばいいのです。

その過程で、**自分が本当にやりたいと思う夢に出合うチャンス**も生まれます。やりたいことがわかれば、もっと大きな目標も見えてくるようになるでしょう。

そこを目指すためにも、まずは「やりたくないこと」を書き出してみることをおすすめします。

32

「やりたいこと」がわからないとき、あなたはどうしますか？

ネガ活

無理矢理「やりたいこと」を決める

ポジ活

「やりたいこと」が自然に見えてくるまで行動を続ける

それでも、「やりたいことがわからない」という人もいるでしょう。

だとしたら、焦ってやりたいことを決める必要はありません。無理に決めてしまうと、結局、途中で続かなくなってしまうからです。

本来、**自分がやりたいこと・やるべきことというのは、自然に決まるもの**です。

そのときまで待つこともまた、大切なのです。

やりたいことが自然と決まれば、自ずと覚悟もできます。覚悟ができれば、そこから「続けていこう」という強い気持ちも生まれます。

一方で、**無理にやりたいことを決めている人ほど、覚悟が弱くなりがち**です。覚悟が弱いから、途中で続かなくなってしまうのです。

人にはそれぞれ〝時期〟があります。成長する過程の時期もあれば、やるべきことに脇目も振らずに突き進む時期もあります。

やりたいことも、強い決意も、経験とともにつくられていきます。「やりたいことがわからない」という人は、経験値が浅いと考え、見聞を広めて様々な経験を積んでいきましょう。

経験を積むことのひとつに、前項で述べた「人間力を身につける」ということも入ります。

これまでにも述べてきたように、人間力を身につけようと思えば、人から信頼されるよう努力したり、自責の念をもって行動したりするなど、できることはたくさんあります。

こうして、自分を成長させてから、やるべきことを決めればいいのです。

とくに、ネガティブな思考をしがちな人や、うまくいかない原因を他人のせいにしがちな人は、**やるべきことを決める日が来るまでは、まず自分を変えることから始めてください**。

ネガティブ思考ではなくポジティブ思考で、他責ではなく自責の念をもって行動していれば、人はどんどん成長していきます。自分が変わり、行動が変われば、自ずと見える景色も変わります。

その先にこそ、本当にあなたがやるべきことがあるのです。

33

あなたは夢に向かって誰と一緒に進みますか？

ネガ活

自分1人で進む

ポジ活

応援してくれる仲間と進む

手前味噌ですが、私の会社のスタッフはとても〝強い〟。それぞれが明日起業したとしても成功できる人材ばかりです。

「どうやって集めたの？」とよく聞かれるのですが、みんなが最初から優秀だったわけではありません。入社した頃は、正直「3日で辞めるかも」というスタッフもいました（笑）。

しかし、私自身が彼らに口を酸っぱくして夢を語り続け、それをみんなが共有した結果、強い人材へと変わっていったのです。

私が彼らに伝えたのは、「これからの健康産業は悪い人を治すのではなく、健康な人を増やす仕事になるべきだ。その景色をみんなで一緒に見よう！」ということ。

そもそも健康産業は、体の中の悪い状態を良くするのが基本です。誰かの〝負〟を利用する仕事といってもいいかもしれません。

しかし私としては、悪くなってから治療するのではなく、悪くなる以前の健康な人を増やすことが大事だと考えています。

そのため、より多くの人に健康になってもらうべく、患者さんに正しい知識を提供したり、勉強してもらったりなど、様々な工夫をしています。

さらには健康になるための食事や運動習慣などにもアプローチし、常に健康でいられるような事業を展開しているのです。

整骨院という既存の枠組みにとらわれることなく、より多くの人を健康にすることが私たちの仕事。そうした夢を、常日頃から語っているのです。

その結果、一緒になって高みを目指せる人が仲間となり、ともに働いてくれています。

夢をもち、それを語っていると、応援してくれる〝仲間〟が増えていきます。

本当の仲間というのは、目標に対して応援してくれる人のことです。応援してくれる人であれば、他社の人であっても私は仲間だと考えています。

そういう人を、私は絶対に裏切りません。だからこそ、私の周りには〝強い人〟

がたくさん集まってくるのです。
ぜひあなたも、自分の夢を語り、仲間を増やしてみてください。

34

あなたは助けてくれた人のことを、どう思いますか？

○

ポジ活

助けてもらった

×

ネガ活

迷惑をかけてしまった

夢や目標に向かって進んでいく過程では、誰かの手をわずらわせたり、迷惑をかけたりするようなことも出てくるでしょう。だからと言って、それを「やらない理由」にしてしまってはいけません。

そもそも、**生きているだけで、多かれ少なかれ誰かに迷惑をかけている**ものです。たとえば、あなたがタクシーを拾ったとき、すぐ近くでそのタクシーを拾おうとした人がいるかもしれません。それをいちいち気に留めていたのでは、何もできなくなってしまいます。

人に協力してもらったり、手を差し伸べてもらったりすることについても同じです。「人に迷惑をかけるのはイヤ」という人は、自分ひとりで頑張ろうとするのですが、たいていうまくいきません。**自分ひとりの力でできることは、たかが知れている**からです。

そもそも、誰かがあなたに協力したり、手を差し伸べたりすることは、相手にとって迷惑なことでしょうか。相手に謝罪をしなければならないことでしょうか。

相手は喜んであなたに協力をしてくれているのかもしれません。だとしたら、あなたの思いすごしかもしれないのです。

心理学の世界に「アンダードッグ効果」という言葉があります。人が、弱い立場や不利な状況にある人などに対して同情する気持ちを抱き、つい応援してしまう心理現象のことをいいます。

つまり、あなたが逆境にもめげず一生懸命目標に向かって頑張っているなら、人は喜んであなたを応援してくれるのです。

その人たちに対して、あなたが「迷惑をかけてすみません」と謝罪してしまったら……。「そんな、謝られるなんて……」と相手は思うでしょう。

そういうとき、あなたが相手にもつべきは、「助けてもらった！」という〝感謝〟の気持ちです。

協力してくれた人は、謝罪をされるより感謝されたほうが何倍もうれしく思うはずです。そして、もっともっとあなたに協力をしたいと思うでしょう。

また、あなたが感謝の気持ちをもつと、あなた自身に「助けてもらってうれしい。今度は自分が誰かを助けよう」という気持ちが芽生えてきます。

人間は社会的動物です。誰かに助けてもらったら今度は自分が助けるという「助け合い」の心が本能に組み込まれている生き物です。この**「助け合い」の心が、人間社会を繁栄させてきた**といっても過言ではありません。

あなたが不利な立場にある人を応援することで、今度はあなた自身が喜びを感じます。そのとき、相手に謝罪なんかされたくないですよね。

残念ながら日本の教育は、「迷惑をかけないこと」に重きを置きがちです。けれど、そこに縛られる必要はありません。

「助けてもらった！」という気持ちを大切にし、それを感謝の気持ちとして相手に伝えるようにしましょう。

35

あなたは手本にしている人がいますか？

○

ポジ活

いる。
成功している人をＴＴＰする

×

ネガ活

いない。
自分のやり方に固執する

何事も目標を立てないことには始まりません。目標というゴールがないと、どこに向かって努力をすればいいか、自分がどんなふうに成長すればいいかがわからないからです。

ただ、ひと口に目標と言っても、「どんなふうに立てていいのかわからない」という人が結構います。

そういう人は、自分のあこがれの人、自分が「こうありたい」という人の行動をそっくり真似してみましょう。

「こんなふうになりたいなあ」と思う人の行動をよく観察し、徹底的にパクるのです。私はこれを「**ＴＴＰ（徹底・的に・パクる）**」と呼んでいます。

この場合の〝徹底的〟とは、「パクると決めたら言い訳をしない」ということ。

たとえば、その人が毎朝ＳＮＳを更新しているのであれば、自分もその時間に投稿します。そのとき、「投稿する写真がないから……」などと言い訳をしてはいけません。すぐに写真を撮るなどして、行動を起こすのです。

この場合、大切なのは、**その人の表面に見えている行動を真似するだけでは意味**

がないということ。裏側にあるその人の努力にも想像力を働かせて真似する必要があります。そこまでできてはじめて、ＴＴＰの実践となるのです。

新一万円札の肖像になる近代日本経済の父・渋沢栄一も、「真似をするときには、その形ではなく、その心を真似するのが良い」という言葉を遺しています。

私自身、部下や後輩には、私の行動を徹底的にパクるように指導しています。

私もこれまで、目標とする人の行動をＴＴＰしてきました。一例を挙げると、集客のためのポスティングがあります。

現在では、ポスティングの業者さんやＳＥＯ（Search Engine Optimization＝検索エンジン最適化）の業者さんに集客を依頼することもありますが、会社を立ち上げた当初は自らポスティングをしていました。それこそ、1万部という大量のチラシをマンションのポストなどに一軒一軒投函《とうかん》していたのです。

続けていくうちに、投函口のところで手が擦《す》れてしまい、血だらけになります。

それでも、1万部を配り終えるまではやめませんでした。なぜなら、私が目標とする人がそのように泥臭く行動していたからです。

やりたくないこと、面倒なことを避けていては、TTPにはなりません。そういうところまで含めて徹底的に真似することで、目標とする人に一歩でも近づくことができるのです。

36

あなたにメンターはいますか？

×

ネガ活

いない。
自分の考えだけで行動する

○

ポジ活

いる。目標を達成している
その人にアドバイスを受ける

前項で、手本にする人のことをお話ししましたが、もし**その人に直接話が聞けるようだったらぜひそうするべき**です。

たとえば、年商１００億円を目指すなら、年商１００億円や１２０億円を達成している社長さんに話を聞く。そこで「年商１００億円には何が必要だと思いますか？」などとヒアリングしてみるのです。

多くの人は、こうした行動をとっていません。自分の狭い視野の中で試行錯誤を繰り返しているだけです。これでは、いつまで経っても目標はクリアできません。また、社長を目指しているのにもかかわらず、部長や課長とばかり話していたのでは、必要なアドバイスは得られません。社長には、社長にしか見えない景色があるのです。

やはり、重要なのは、**適切な人に適切なやり方を学ぶ**こと。最短距離で走りたいのなら、そのゴールを通過した人からアドバイスを得るべきです。

適切なアドバイスをくれる人は、メンター（助言者）と呼ばれています。私にもメンターと言うべき存在の人がいます。

私の場合、会社を一部上場企業にするのが目標なので、相手はもちろん上場企業の役員です。その人から、強い組織づくりやチームづくりをはじめ、「最初は赤字でもいいので売り上げをつくり、そこから不要なものを削除していく」など、経営に関する様々なことを学んでいます。

リーダーシップに関しても、「リーダーは悩んでいる姿を見せるのではなく、部下に対して『行くぞ！』と言ってあげるべきだ」など、目からウロコの話ばかりです。

そうした教えは、私が上場を目指しているからこそ意味があります。そこでの学びが、日々の行動につながっていくのです。

目標に向かって最短距離で走るためにも、そのゴールを通過した人から話を聞くようにしましょう。

「ポジ活」6th STAGE

～メンタルを「鋼《はがね》」に変えよう

37

あなたは自分の「メンタルの弱さ」をどう考えますか？

ポジ活

「長所」と考える

ネガ活

「短所」と考える

あなたはメンタルが強いほうですか？　それとも弱いほうですか？

「弱いほう」と答えた人は、きっと他人の言動にすぐさま反応して、落ち込んだり、自分を責めたりするタイプかもしれません。


ポジ活において重要な考え方に、34ページで触れた「自責の念」があります。

他責ではなく自責の念をもって生きていくことは、ポジティブな自分に切り替わるための必須の条件とも言えます。

とは言え、メンタルの弱い人が、自責の念をもつことは、果たして良いことなのでしょうか、それとも良くないことなのでしょうか。

メンタルの弱い人が、「どんなことも自分に責任がある」と考えてしまうと、ただでさえ自分を責めがちですから、さらにメンタルが弱くなってしまいそうです。

それでもあえて言うと、自責の念をもつことは良いことです。**自責の念が、メンタルを強くし、ポジティブでメンタルの強い自分に変わるきっかけになる**からです。

メンタルが弱い人は、何かトラブルが起きたとき、周りの人に迷惑をかけるのは申し訳ないことと考え、何でも自分で抱え込もうとします。

この「周りの人に迷惑をかけるのは申し訳ない」という考え。それをもっていること自体、とても優しい性格だと思います。その優しさは、紛れもないその人の個性であり長所です。そして、優しいことは、とても価値のあることです。

メンタルが弱い人は、まずは自分の価値を認めること。その上で、「トラブルの責任は自分にある」と考え、自分の力で乗り切ることを考えてください。

それでも、どうにもならなかったら、周りの人の助けを借りてください。優しいあなたの頼みなら、きっと力になってくれる人がいるはずです。

その結果、トラブルが解決したら、助けてくれた人に感謝し、そのトラブル処理から学んだことを仕事に活かすようにする。こうして、どんどんメンタルが強くなっていきます。

また、これもメンタルの弱い人に言えることですが、優しいからこそ、相手の気持ちを理解しようと努めます。決して、自分の気持ちを優先しようとはしません。相手に遠慮して言いたいことも言えず、その結果、どんどんメンタルがやられてしまうわけです。

それでも、**自分のことしか考えていない人間よりは、はるかに立派な生き方**ではないでしょうか。その優しさを正しく活用すれば、周囲の協力を得るための大きな力になります。

中にはあなたの優しさに付け込んで、無理難題を押し付けようとする輩《やから》もいるでしょう。そういう人間の頼みは勇気をもって拒絶すること。決して優しさを安売りしてはダメです。

あなた自身の優しさを大切にし、自分にも優しさをもって行動するようにしましょう。

38

トラブルが起きたとき、あなたはどう考えますか？

ポジ活

トラブルの責任は自分にある

ネガ活

トラブルの責任は他人にある

私は、かつて仲間に裏切られたことがあります。信頼していたスタッフが、会社に損失を与えて逃げてしまったのです。

「なんてやつだ！」「あんなやつを信用したのが間違いだった！」などと考えるのがふつうでしょう。事実、私の周りにも、そのスタッフのことを悪く言う人がたくさんいました。

けれど私はこう考えました。

「あいつを成長させてあげられなかった自分が悪い」

トラブルの責任は自分にあると考えたのです。

これを読んで、「そんなきれいごとを言ってる場合じゃないだろう」と思ったり、「穂満さんは聖人君子ですね」と皮肉交じりに考えたりする人がいるかもしれません。

でも、**そのスタッフを恨《うら》んだところで、失ったお金が戻ってくるわけではありま**

せん。そんなことに貴重な時間を使うのはもったいない。時間イコールお金、いや、それ以上に貴重なものです。

だから、自責の念をもって、「これを教訓にして、今度は全力でスタッフを成長させてあげよう」と考えるほうがはるかに生産的です。

失ったお金の何倍も何十倍も、成長したスタッフが稼いでくれるかもしれないのです。

このように**自責の念をもって生きていると、自分の身に起きた出来事はすべて自分でコントロールできる**ことになります。そうすると、考え方がすごくポジティブになれるのです。

「自分が至らないからこそ改善していく」

「自分に責任があるからこそ、さらに努力していく」

そうした発想は、自分自身をどんどん前進させていきます。

ネガティブな人ほど、物事を他責で考えています。うまくいかない原因を他人や運のなさのせいにするのです。しかしそれでは、いつまで経っても成長できません。成長したいなら、自責の念をもつこと。自分で責任を取れる人には、人もお金も集まってきます。それが成功への道を切り拓いてくれるのです。

39

「お前には無理だ」と言われたら、あなたはどうしますか？

ネガ活

その言葉を真に受けてしまう

ポジ活

「自分ならできる」を5回唱えて突き進む

私は誰かに「お前には無理だ」と言われたら、「自分ならできる」と心の中で5回唱えるようにしています。

もっと言うと、「自分ならできる」を3回繰り返せば同点、5回繰り返せば大逆転だと自分に言い聞かせているのです。

ここで重要なのは、**「お前には無理だ」という言葉に飲み込まれてしまわない**こと。認めてしまうと、相手の価値観に染まってしまいます。

相手が「お前には無理だ」と言うとき、本当にそう思っている場合と、「自分にはできないから、お前にされたら困る」「自分の立場がなくなる」といった場合の2つがあります。そして多くは、後者の思いから発せられます。

そのことを理解していれば、「お前には無理だ」と言われても、「そんな言葉には惑わされないぞ！」と思えます。

そして、「自分ならできる」を5回繰り返せば、自然とチャレンジしようという強い気持ちが湧いてくるのです。

私が整骨院を開業したとき、「保険施術ではなく自費施術でやっていく」と宣言しました。自費施術だと、健康保険がきかないので、施術料は当然高くなります。そのため、周囲の先生からは「絶対に無理だ」と言われました。「経営が成り立たない」と言うのです。

けれども私は、その言葉には耳を貸しませんでした。「俺ならできる」を繰り返し、突き進んでいった結果、今では日本全国の整骨院から先生方が見学に来るほど大きな成功を勝ち取ったのです。

「お前には無理だ」と言った人の中には、「ごめん、無理だという発言を撤回するよ」と言ってくれる人もいれば、「たまたまうまくいったんだろう」「運が良かっただけだ」などと負け惜しみを口にする人もいます。

いつの時代も、うまくいった人はねたまれるものです。いや、むしろ**ねたまれるくらいでなければ、本当の成功とは言えません**。

ぜひあなたも、「お前には無理だ」と言われたら、「自分ならできる」を5回繰り返すようにしてください。

なにくそという気持ちになって、それが目標に向かって突き進む原動力になるはずです。

40

あなたの失敗を望んでいる人がいます。あなたはどうしますか？

ポジ活

徹底的に無視する

ネガ活

うじうじと悩む

ネットニュースのコメント欄などを見ると、他人の失敗や不祥事に対し、「調子に乗っていたからああいうことになった」「今すぐ謝罪するべきです」といった意見がたくさん書き込まれています。

それを読むと、「人の失敗を喜ぶ人は結構いるんだな」と思ってしまいます。とくに、それまで成功を収めていた人ほど、そういう批判にさらされることが多いようです。

私は「**人の失敗を望む人＝ネガティブな人**」だと考えています。だから、そういう人の意見には耳を貸しません。

人の失敗を望む人は、自分では何もできないからそうするのでしょう。そうして、自分と同じレベルに引きずり下ろそうとしているのです。

ポジティブな人は、他人の失敗を望むようなことはしません。自分がやるべきことに集中しているから、そんな考え自体浮かんでこないのです。

ポジティブな人は、自責の念をもって、常に「どうやって自己を改善しようか」「どんな努力をしようか」と考え、行動に移しています。

その過程で失敗をすることもあります。その失敗をあげつらって、ここぞとばかりに批判を浴びせてくる人もいるでしょう。

そんな批判は無視してしまってかまいません。失敗を喜ぶような〝暇人〟は、ポジティブな人の人生には関係ないのです。

批判的な意見には耳を貸さず、自ら掲げた明確な目標に向けて日々努力を重ねること。その結果、成功を勝ち取れば、批判などすぐに消えてしまいます。

日本にはまだムラ社会的なところが残っています。そこでは、横並びで目立たないことをよしとするため、挑戦よりも現状維持に重きを置く傾向があるのです。そんな中で、挑戦して成功を収めようものなら、たちまち嫉妬《しっと》の対象になります。

しかし、**ポジティブな人は、横並びでいようとはしません**。やりたいことがあれば、自分にベクトルを向けて、どんどんチャレンジをし続けます。周囲の批判も反対も無視し、仮に失敗をしても、ひとつの経験として改善に向けての良い材料と考えます。

人の失敗を望んでいる人は徹底的に無視する。これが成功への近道です。

41

あなたは「挑戦しないこと」をどう考えますか？

ポジ活

「負け」と考える

ネガ活

「負けではない」と考える

挑戦しない人は最初から〝負け〟ています。それこそ、挑戦しないこと自体が敗北への入り口です。

本当の勝ちは、うまくいかない状況を通じて「どうしてうまくいかなかったのか」「どうやって改善すればいいのか」などを考え、勝利への道を模索した先にあります。

ですので、その前提となる挑戦自体をしなければ、結局は負けているのと変わらないのです。

挑戦すれば、失敗することもあります。けれど、挑戦を継続していれば、いずれ必ず勝つことができます。

しかし、**挑戦しなければ１００％勝てません**。それは、負けているのと同じなのです。

何もしないことを、「勝ちでも負けでもない」と考えている人もいますが、それは正しくありません。「挑戦しない＝絶対に勝てない＝負け」なのです。そこに引き分けはありません。

とくに私たちは、年齢を重ねていく以上、**動かないのは「停滞」ではなく「衰退」**です。ですので、勝ちに向かって行動しないことは、負け続けたまま衰退していくのと同じなのです。


成長し続けている巨大企業を見ればわかるように、彼らはいつも成長を模索しています。トヨタもソフトバンクも、ユニクロもそうです。成長しているからこそ、安定的に拡大しているのです。

またアップルの「ｉＰｈｏｎｅ」にしても、常にアップデートし、シリーズを経るごとに成長しているからこそ、多くの人に支持されています。

留まることは安定ではありません。挑戦しなければ、結局は負けることになり、衰退せざるをえないのです。

そうならないよう、ぜひこの瞬間から挑戦するようにしてください。知らぬ間に負けていることのないよう、行動を開始してください。

プロバスケットボール界のスーパースターだったマイケル・ジョーダンはこんなことを言っています。

私は失敗を受け入れることが出来る。しかし、挑戦しないことだけは受け入れられないのだ。

（『世界の名言１００』遠越段著、総合法令出版）

彼はこの言葉に従って挑戦し続けたからこそ、レギュラーシーズンＭＶＰ５回受賞、オールスターゲームＭＶＰ３回受賞という前人未到の偉業を成し遂げたのです。

ポジティブさを忘れずに挑戦していけば、あなたは必ず成長できます。そして成長の先に、大きな成功があるのです。

42

あなたは「不可能なこと」に挑戦できますか？

ネガ活

できない。
挑戦する前からあきらめる

ポジ活

できる。
挑戦して不可能を可能にする

挑戦する人は、不可能を可能にします。少しずつでも前に進んでいけば、昨日より今日、今日より明日というように、進化していけるからです。

つまり、**何かに挑戦し、行動し続けるというのは、可能性を高めること**なのです。ひたすら挑戦さえしていれば、必ず可能性は高まっていきます。そこに、挑戦することの意義があるのです。

何もしなければ、達成する可能性は０％のまま。それは「１００％達成不可能」な状態です。しかし、一歩を踏み出して挑戦している人は、可能性が１％、２％、３％と上がっていきます。そうして、いずれは１００％にまで到達できるのです。

たとえば、私が「フィットネスクラブのフランチャイズを増やしたい」と思っているとしましょう。そう思っているだけでは、可能性は０のままです。

しかし、そのための行動を開始すれば、可能性は確実に増えていきます。社内であれば、メンバーを集めて「フィットネス事業をやろうと思うんだ」と目標を語ることが、最初の一歩となるでしょう。

そこから意見を出し合い、具体的な行動に落とし込んでいけば、可能性は0%から10%くらいに上がっていきます。ゴールに向かって確実に進んでいるのです。

もちろん、目標によっては達成が困難なこともあります。それでも挑戦し、行動し続けていれば、必ずチャンスは広がります。途中であきらめることなく、足を止めないことが大事です。

スカウトされた日本電産で永守さんの薫陶《くんとう》を受けた川勝宣昭さん（現DANTOTZ consulting［ダントツ コンサルティング］代表）は、永守さんの言葉の中で一番感銘を受けたものとして、「**困難は解決策を連れてくる**」を挙げています。

「困難さんから逃げてみろ。困難さんは脇を通り過ぎて行くが、ひょっとその背中を見たら、後ろに『解決策』というリュックを背負っているじゃないか。逃げたら解決策も逃げて行くんだぞ」

（前掲『1日1話、読めば心が熱くなる３６５人の仕事の教科書』）

私はこの言葉を目にしたとたん、雷に打たれたようなショックを受けました。それまでも困難を困難とも思わない私ではありましたが、永守さんの言葉を知ってからは、**「困難よ、俺のところに来てみろ！　お前と一緒にやってくる解決策を仲間に引き入れて、きっと挽回してやるからな！」**という気持ちになりました。

困難を乗り切る可能性を高めるには、日々の積み重ねが欠かせません。

たとえばダイエットをするなら、いきなり30キロ減を目指すのではなく、食事管理や運動習慣を身につけながら、「まずは1キロ減」「次は3キロ減」などと、徐々に目標を高めていけばいいのです。それだけで、「どうせ失敗する」と考えて行動しない人より確実に成果が出ます。そしていずれは、30キロ減も達成できることでしょう。

このように、まったく挑戦しない人の0％と、挑戦を始めた人の1％は大きく違います。わずかでも可能性を高めていけば、いずれ成功をつかめるのです。

43

あなたはモチベーションを気にしますか？

ネガ活

気にする。モチベーションがないと続けられない

ポジ活

気にしない。モチベーションに左右されずに突き進む

何かにつけ、「モチベーションが上がらない」と口にする人がいます。
「上司がバカだからモチベーションが上がらない」
「いくら頑張っても売れないから、やる気が出ない」
などという人は、あなたの職場にもいませんか？

そういう人は、自分が行動しないのを正当化しているだけです。自分のことを棚に上げて、他人や状況のせいにしているだけなのです。

明確な目標があり、それに向かって突き進んでいれば、モチベーションに左右されることもありません。いや、そもそもモチベーションという考え自体、浮かんでこないと思います。

強《し》いて言えば、私は毎朝起きたら、開口一番「**ここ最近で今日は一番調子がいい！**」と自分に向かって言うことをルーティンにしています。どんなに身体がだるくても、そう口にして、自分を奮い立たせているのです。

おかげで、一日動くことができます。外的要因によるモチベーションではなく、自分の内から湧き上がるモチベーションです。


厳しいようですが、**モチベーションがどうのこうのと言っている時点でダメ**でしょう。

それは、自分に言い訳をしているのと同じです。

これまでに述べてきたように、行動、口ぐせ、見方などをきちんと変えていれば、モチベーションに左右されることもないはずです。

それこそ、

「今日も調子がいい！」

「やればできる！」

などと声に出していれば、モチベーションになど構うこともありません。
そのようにして、人は成長していくのです。

その点、モチベーションが気になる人は、ポジティブレベルが十分に高まっていない可能性があります。基本的なことから実践し、モチベーションに惑わされないようにしましょう。

44

あなたは負けそうになったらどうしますか？

ポジ活

勝つまで努力を継続！

ネガ活

途中でやめてしまう

「勝ちグセをつける」ことが大事であるように、「勝つまで挑む姿勢をもつ」ことも非常に重要です。それが、あなたに成功をもたらします。

私自身、これまで様々なシーンで勝ってこられたのは、勝つまであきらめずに挑戦してきたからです。事業においても、私は黒字化するまで試行錯誤を重ね、挫折しても撤退することなく会社を成長させてきました。松下幸之助さんも「成功するまであきらめなければ、必ず成功する」という趣旨のことを述べています。

人は、**あきらめたときにはじめて敗北します**。あきらめなければ負けることはありません。だから、勝つまでやるのです。「勝つまでは負けない」「だからやり続ける」と自分に誓っていれば、誰もが成功を勝ち取れるでしょう。

どんな分野においても、勝っている人は最後まであきらめていません。もちろん、そのときどきの「勝敗」はつくかもしれませんが、あきらめない限り、それは確定的な「負け」にはなりません。最後に結果を残せれば、それが「勝ち」となるのです。

中には「楽をして勝ちたい、いい思いをしたい」と思う人もいるかもしれません。

しかし、**楽に勝つことなど不可能**です。

私も「お前はいいよな」などと言われることもありますが、24時間３６５日仕事のことを考えているからこそ、今があるのです。

そうした苦労を積まずして、楽をして勝つ方法を探そうとするのは間違いです。

やはり、勝利をつかむまで、あきらめずに努力を続けていくしかありません。


稲盛和夫さんが著書の中で、こんなことをおっしゃっています。

> 長い目で見れば、誠実で善行を惜しまない人物がいつまでも不遇にとどまることはないし、怠け者でいい加減な生き方をしている人がずっと栄えていることもありません。
> たしかに、何か悪い行いをした人がまぐれや勢いでうまくいったり、善きことに努めた人が一時的な不運に見舞われて低迷したりすることもありますが、

それも時間がたつうちに修正されて、やがてみんながそれぞれの言動や生き方にふさわしい結果を得、その「人間」に見合った境遇に落ち着いていくものです。

（前掲『生き方』）

つまり、たゆまぬ努力は必ず報われる日がくる。もし報われてないとしたら、努力の方向が違うか、努力が足りていないだけです。そして、報われるまで行動することが、本当の努力と言えるのです。

45

あなたは無理をしていませんか？

○

ポジ活

正しい努力をして、
無理はしていない

×

ネガ活

無理をしている

あなたは「頑張ること」を「無理すること」と勘違いしていませんか。実際、本人は頑張っているつもりでも、周りからは無理しているようにしか見えないことはよくあります。

頑張ることは、目標に対して努力することです。つまり**ベクトルはゴールに向いています**。

一方で、無理することは、ベクトルが上司や自分自身など目標以外に向いています。だから、どんなに苦労を重ねても、ゴールには到達できません。

もちろん、努力自体はとても良いことです。自分で目標を定め、そこに向かって積極的に行動できているからです。

けれど、「私はこんなに頑張っているのにうまくいかない……」などと愚痴ばかりこぼしている人は、正しい努力をしていません。ただ無理をしているだけです。

そういう人は、目標を達成することより、頑張っている自分を認めてもらうことのほうに気持ちが向かっています。それは〝頑張り〟とは違うのです。

無理は長続きしません。成果を出したり成長したりするのには頑張りが欠かせないのですが、無理をしているといずれ息切れしてしまいます。その結果、メンタルをやられてしまうのです。

あなたは、無理をするのではなく、正しい努力をすることを心がけてください。正しい努力とは、自分が達成すべきゴールを見定め、自分のペースで頑張ることです。

そうすることで、考え方や行動、さらには未来までも変わっていきます。その一歩は、無理ではなく、正しい努力から始まるのです。

予備校講師でタレントの林修さんは、『林修の仕事原論』(青春出版社)の中でこう語っています。

努力は裏切らないっていう言葉は不正確だ。正しい場所で正しい方向で十分な量なされた努力は裏切らない。

もしあなたが、「なかなか目標に到達しない」と思っているのなら、その頑張りが「ただの無理」になっていないかどうか、振り返ってみるといいでしょう。自分の頑張りがただの無理だとわかったら、目標から逆算し、自分が本当にやるべきことは何なのかを見極めてください。

46

あなたは姿勢が良いですか？

○

ポジ活

姿勢を良くするよう心がけている

×

ネガ活

姿勢が悪い

倒産した会社の社長のコンサルをしている八起会《やおきかい》の野口誠一会長が、「再起できる社長の３つの条件」というテーマで講演をされていました。

それは、資金繰りでもなく、優秀な社員のリクルーティングでもなく、次の３つのことでした。

1．人のせいにしないこと

2．朝早く起きること

3．姿勢がいいこと

会社が倒産して、「取締役が無能だったから」「銀行がお金を貸し渋りしたからだ」「取引先から切られたから」と、人のせいにしている限り再起できません。**すべては自分の責任だと思う人しか再起できない**のです。

社長が昼ごろ出社している会社も再起できません。再起する経営者は、朝一番に会社に来て、最後に会社を出なくてはなりません。それくらい必死に頑張らないと会社は再建できないのです。

そして、姿勢。私が一番面白いと思ったのはこれです。人の話を聞く際、足を組んだり肘《ひじ》をついたりしていては、見た目が良くありませんし、その態度は確実に相手に伝わります。印象が悪いと運も逃げていきます。また姿勢が悪いと、身体がゆがんでいきます。体がゆがむと、呼吸も浅くなります。

さらに、医学的な話をすると、姿勢がいい人と悪い人とでは体内に取り入れる酸素量が違います。

体の中の酸素量が増えると、ミトコンドリアの動きが活発になります。ミトコンドリアが活性化すると不調が回復する――人間の体にはそういうメカニズムがあるのです。

エネルギーは身体にためることができないので、ミトコンドリアの活性化は必須。それが大きなエネルギーを創り出すのです。

大きな機械を使うには大きな電力が必要なように、**人間も大きなことを成し遂げるには大きなエネルギーが必要**です。それには、まず姿勢の良いことが必須の条件なのです。

また姿勢がいいと、血流が良くなり、ぼーっとした頭も晴れてクリアになります。脳の働きが良くなり、大事なことを決める場面において集中力が高まるので、失敗することがなくなります。もちろん、見た目も良くなり、周囲の評価も変わります。

悪い姿勢は身体に悪影響を及ぼすだけでなく、みすみす目の前にあるチャンスを逃すことにもつながってしまいます。ふだんから、意識的に姿勢を正すようにしましょう。

47

あなたはトレーニングをしていますか？

○

ポジ活

しているる。
筋トレで成功体験を味わう

×

ネガ活

していない

成功体験は自信になります。自信がついてくると、物事に対して前向きになり、どんどんポジティブな人間になっていきます。

ただ中には、「自分は何をやってもうまくいかない。成功体験なんて得られそうにない」と悩んでいる人もいるでしょう。

そのような人にこそ、トレーニングをおすすめします。

この場合のトレーニングとは、筋トレをはじめとする肉体的なトレーニングのことです。

仕事の場合、どんなに頑張っていても、すぐに結果が出ないことはよくあります。

その点、**筋トレは、正しい努力を重ねていれば必ず結果が出ます**。適切な頻度でトレーニングを行い、食事管理を徹底していると、目に見えて体が変わっていくのです。

トレーニングの前と後で、鏡の前に立ってみるとよくわかります。まったく筋トレをしていなかった人ほど、各部に筋肉がついているのが見て取れるでしょう。

太っている人の場合、トレーニングの後はやせているのがわかります。無駄な脂肪が取れて、肉体が引き締まっているからです。

もちろん、体質によって差はあるものの、正しいトレーニングと栄養管理をしていれば、必ず結果は出ます。


筋トレをやっていてよくわかるのは、目標をもって取り組むことの重要性です。

私の場合、「コンテストで優勝する」という明確な目標があります。その目標に向けて取り組んでいると、日々体が引き締まっていくのを実感します。

ただ漫然とやっていたのでは、おそらく筋肉がつくスピードはかなり遅いものになるでしょう。


目標をもって取り組むことの大切さは筋トレに限りません。

目標があれば、今自分がやるべきことがはっきりします。その上で行動し、努力を重ね、ときには改善しながら続けていれば、必ず結果が出ます。

結果が出てくれば、それが成功体験となり、自信がつきます。目標を達成できれば、さらに自信がつくことでしょう。

あるいは、続けること自体も成功体験になります。3日、1週間、1か月、1年と継続できれば、それが「続けられた！」という自信になるのです。

このようにトレーニングには、ポジ活につながる要素がたくさんあります。ぜひ取り組んでみてください。

48

あなたは「年のせい」にしていませんか？

ポジ活

挑戦に年齢など関係ないと考えている

ネガ活

年齢を言い訳にしている

情熱はいくつになっても、もつことができます。年齢は関係ありません。

年配の経営者の方と話していると、「穂満さんは若いからいいねえ。僕なんか、この歳だから新しいことにチャレンジする気が起きなくて」などとよく言われるのですが、私はそのたびに「年齢を言い訳にしていないか？　私はあなたたちの歳になっても、きっとチャレンジし続ける！」と反論したくなります。

とくに、仕事に対する情熱、あるいは本気で夢を追うことに関しては、いくつになってもできるはずです。

問題なのは、**年齢を理由にしてあきらめてしまう**こと。それは、やらない理由を探すのと同じです。


私自身、本格的にボディコンテストに挑戦し始めたのは35歳のときでした。

そのような大会に本気で挑むのは10代のとき以来だったのですが、情熱に関しては当時と変わらないと思います。

学業に追われながら朝や放課後に激しい練習をしてきたように、この歳になっても、仕事をしながらトレーニングを継続できています。それこそ、朝3時に起きて4時にジムへ行き、6時には終えて仕事をする。そうして、夜は23時くらいに寝る生活を繰り返しています。

もちろんしんどいのですが、情熱があるからこそ10代の頃と同じような生活ができているのです。

私だけではありません。大会で優秀な成績を残している人は、50代でも60代でも、情熱をもって必死に努力しています。そのような人を見るたびに、「やっぱり年齢は関係ないんだ！」と強く思います。

ですので、もしあなたが「アイドルになりたい！」と思うなら、たとえ結婚して子どもがいたとしても、今から目指せばいいのです。そのような新しいタイプのアイドルになるべく、努力を重ねてみてください。

「もういい年だから……」などとあきらめる必要はありません。声だけでもいいですし、「Vチューバー」として活躍することもできます。

徳川家康が「大坂夏の陣」で豊臣氏を滅ぼして天下統一を成し遂げたのは、いくつのときかご存知ですか？

なんと、74歳（数え年）のときです。

家康のことを思うと、**人間は死ぬまで成長し続ける存在**であると感じ、何だかワクワクしてきます。

どんな夢も、情熱をもって続けていれば実現可能です。そしてそこに、年齢は関係ないのです。

49

あなたは運が良いですか？

○

ポジ活

運が良い悪いは〝自分次第〟

×

ネガ活

運が悪い

「**運も実力のうち**」という言葉があります。これはまさに、真理をついた名言と言えるでしょう。

たしかに、人によって「運がいい」「運が悪い」と言われることもあります。しかし人生においては、**「運がいいと感じるか」「運が悪いと感じるか」の違いしかありません**。

つまり、感じ方の違いによって、その人の運が決まってくるのです。だからこそ「運も実力のうち」というわけです。

たとえば、あなたが旅行へ行ったとしましょう。現地に着いたとき、雨が降ってきました。そのときにどう考えるでしょうか。

ある人は「旅行先で雨が降るなんて最悪！」と考えるかもしれません。その人にとっては、「運が悪い」状況となるでしょう。

しかし別の人は「これまでに見たことのない景色が見られるかもしれない！」と思うかもしれません。その人にとっては、「運がいい」状況です。

認知科学者の中野信子さんは、著書の中でこんなことをおっしゃっています。

実は運がいいと思っている人も悪いと思っている人も、遭遇している事象は似ている場合が多いのです。しかしその事象に対するとらえ方、考え方が違う。対処の方法も違う。長い年月を積み重ねれば、おのずと結果は大きく変わってくるでしょう。

だからやはり、何の根拠もなくても「自分は運がいい」と決め込んでしまったほうがいいのです。

（『科学がつきとめた「運のいい人」』サンマーク文庫）

つまり、同じ出来事もとらえ方によって大きく異なるということ。運の善《よ》し悪《あ》しも、それによって変わってくるのです。

あらゆる物事をネガティブにとらえる人は、いつまで経っても「運が悪い人」のままです。そのような人は、つい卑屈になってしまうのも無理はありません。反対に、あらゆる物事をポジティブにとらえる人は、その瞬間から「運がいい人」になれます。そうして、どんなことに対しても、前向きに行動することができるのです。

感じ方の違いは、その後の人生に大きな影響を及ぼします。「自分は運がいい」と思える人は、何事にも積極的にチャレンジしていくことができるでしょう。

ぜひあなたも、すべての出来事に対して「自分は運がいい！」と思うように考え方を変えてください。きっと、見える景色も変わってくるはずです。

50

ここまで読んで、あなたは自分の「変化」に気づいていますか？

ポジ活

周りの人の変化を見て、自分の変化に気づく

ネガ活

気づいていない

あなたがネガティブな人だったとしたら、ここまで読み進めてきて、かなりポジティブな人に変わってきていると思います。自分がどんどん前向きになっていることに気がつくことでしょう。ぜひ、そのことを強く自覚するようにしてください。

大切なのは、**変わろうとした時点で、すでに変わりつつある**ということ。変わろうとする姿勢から変化は始まっていると理解してください。

自分が変わりつつあることがよくわからないなら、あなたの周りの人に目を向けてください。

あなたがポジティブになっていれば、周りの人の反応もきっと変わっているはずです。

もしかしたら、あなたがポジティブに変わったことで、周りの人もポジティブに変わっているかもしれません。

あなたの変化が、周囲に良い影響を及ぼしたのです。

新しく出会う人についても同じです。あなたがポジティブになれば、出会う人も前向きな人が増えていきます。

こうして、あなたの周囲にはポジティブな人があふれていくのです。

自分が変われば、周囲も変わり、結果も変わります。そうして未来が変わり、運命も変わっていくのです。

あとがき…………

ここまで本書をお読みいただき、誠にありがとうございました。


いかがでしょう？

ポジティブになれましたか？

生まれ変わった自分になりましたか？


もし、まだ「ネガティブのままでいる」という方は、ご面倒かもしれませんが、もう一度、1st STAGEから読み直してください。

思考のクセは長年にわたって形づくられていくものなので、1回読んだだけでは変わらないのも無理はありません。

でも何度も繰り返し読んでいくと、確実に変わります。本の内容が、あなたの血となって、全身をめぐり、脳まで行き渡ると思考も一変します。どうぞ、そのイメージで読み込んでください。

でも……。

「また読み返すのはめんどくさい」

「活字を読むと目が疲れる」

という人、いますよね？　いるどころか、そちらのほうが多数派だと思います。

そういう人には、ちょっとズルになってしまいますが、すぐにポジティブになれる世界一簡単な方法をお教えしましょう。

本書のカバーをご覧ください。

「ポジティブスイッチ」のイラストが載っていますね。

59ページにも書きましたが、これを頭の中で連打してみるのです。

ネガティブな思考をしてしまうとき、困っているとき、ピンチのときに、ポジティブスイッチを連打すると、不思議と勇気が湧いてきて、思考もポジティブにガラリと変わります。

ぜひお試しください。

でも、繰り返しますが、根本から自分を変えるには、やはり本書を読み返すこと。面倒だし時間もかかるかもしれないけど、これが一番の近道であることを、どうぞ忘れないでください。

最後までお読みいただきほんとうにありがとうございます。

あなたがポジティブに変わり、幸せな人生になりますように。

2023年11月

穂満 悠

穂満　悠（ほみつ　ゆう）
株式会社 IRIE 代表取締役。
1987 年 4 月 16 日、愛知県知多市生まれ。高校生のときに鍼灸師を志し、専門学校を卒業後に地元の接骨院へ就職。患者さんが求める施術をフレキシブルに提供したいという思いから独立に至る。鍼灸整骨院を 3 店舗に拡大し、「心と体のトータルヘルス」を実現するため、フィットネスジム、エステも開業。自らも「健康美」を目指し、ベストボディ・ジャパン モデルジャパン 2023 名古屋大会のミドルクラス（30 ～ 39 歳）でグランプリに輝くなど肉体を鍛えている。「ポジ活」をライフワークと位置づけ、事業経営のほか、セミナーや講演会での活動を続ける。本書が初の著作。

お金《かね》も幸《しあわ》せも引《ひ》き寄《よ》せる　「ポジ活《かつ》」ルール50

2023年12月30日　初版1刷発行

著　者　穂《ほ》満《みつ》悠《ゆう》
発行者　三宅貴久
発行所　株式会社光文社
〒112-8011　東京都文京区音羽1-16-6
電話　編集部 03-5395-8147　書籍販売部 03-5395-8116　業務部 03-5395-8125
落丁本・乱丁本は業務部へご連絡くだされば、お取り替えいたします。
印刷所　萩原印刷
組　版　萩原印刷
製本所　ナショナル製本

ISBN 978-4-334-10178-7